与大师谈艺

高花阁——陈佩秋

郑重 著

文汇出版社

前言

“与大师谈艺”是一个口述系列，记录了谢稚柳、唐云、程十发、陈佩秋艺术实践的体验和感受。我和他们交游数十年，或看他们伏案作画，或是天马行空式的交谈，对他们可谓是听其言而观其行了，从而渐渐悟到他们在纸上行笔、用墨、用水、用彩的不同，是来自他们内心的体验和感受的不同。我想由他们“自说自画”一番，把内心的体验和表现出来的艺术做一次重新融合，不是比别人的评论更好吗？由于有着这样的潜在动机，他们言之无意，我听之有心，所以就形成了“与大师谈艺”这样的口述系列。

中国绘画的理论多发端自画家的体验与感受。顾恺之的“传神论”可谓是中国绘画理论的成熟之作，起始“画女于壁”，虽“四体妍媸”，但“亡关于妙处”，不甚生动，后忽有所悟“传神写照正在阿堵（指这个）之中”，绘之于墙的人物就变活了。后人易“堵”为“睹”，意思相通，其他如“手挥五弦，目送飞鸿”“妙想迁得”，都是从他的体验中来。南朝宗炳凡游历皆图于壁，以作“卧游”之乐，“澄怀观道”“澄怀味象”“万趣融其神思”，他非常感叹“余复何为哉”，“畅神而已”。这种以自问自答的方式，表达了内心的体验，提出了“畅神”之说，成了山水画论开山而又成熟之作。谢赫综合“传神”“畅神”之说，提出了“六法论”，使中国绘画理论达到系统化完整，但自身的体验远不如顾、宗二位来得深刻。

谢稚柳极为赞同“眼高手低”之说，他认为绘画总是眼高于手，才能推动手的提高。顾恺之的“传神”、宗炳的“畅神”之说，标志着中国绘画的理论高峰，他们的绘画能否称得上艺术高峰，那就有待讨论了。但是在他们的理论指导下，唐宋绘画走向高峰，这是无可置疑的。晚唐的张璪还说“外师造化，中得心源”，还在追随顾恺之、宗炳，仍然重视体验，做到主观与客观的结合。可以这样断定，没有魏晋六朝的“眼高”（理论），中国画的高峰可能要晚些时候出现。自元以后，中国绘画走向衰微，除了技巧的衰落，我想更为重要的是画家对体验的疏远，或是内心浅薄造成的。

“与大师谈艺”四种，所注重的是挖掘老画家的体验，他们的画风的演变，不只是技巧的变革，而是随体验的深入在发生变化。画家的体验作为绘画的一个重要因素，在今天被人们忽略了。我生性迟钝不敏，对名家所谈理解肤浅，只能做到他们谈啥我就记啥。这里所记只不过是他们所谈之万一，疏漏多多，记错也难免，敬请见谅。

陈佩秋的执着

代序

"横看成岭侧成峰，远近高低各不同。"看山是这样，看人更是这样。人比山更丰富，更耐看。

看陈佩秋就有这样的心情。

在绘画艺术的王国里，陈佩秋可说是现代成岭成峰的人物了。她那艺术的岭和峰，虽是千回百转，但并没有浮云障目、难识真面之感，而是透彻明亮的：既能看到她的率真与倔强，又能看到她的含蓄与委婉；既能看到她不畏强大敢于抗争的勇气，又能看到她同情弱势提携后者的善良；既能看到她画中禽鸟追求遁世的恬静与清闲，又能看到她关注社会的入世情怀；既能看到她笃谊重友的可敬可亲，又能看到她咄咄逼人的傲然之气；既可看到她明辨是非锋芒毕露的进攻之势，又可看到她善解人意的包容……这一切都贯穿着她的执着。

陈佩秋是执着的。

在学理工还是学艺的人生前途决定上，她执着于个人的兴趣，违背家训，走上艺术之路。

在近世文人画的一代宗师黄宾虹授课时，她违背师训，执着于被视之为匠人画的《江行初雪图》，这是凭借眼光给她带来的执着。

在泼墨写意泛滥的时代，她不畏人言，执着于两宋的写真遗风，大有挽狂澜于既倒的气概。

但她并不视泼墨写意如水火，而是取其精华，弃其荒率，通过杨柳、芭蕉、雨竹、枫叶、熊猫……尽展高位神品之风神。在这种执着

陈佩秋在挥毫作画

中有着她那“玩两下给你看看”的傲气。

当时，她已是八十高龄，又孜孜不倦地执着于中国古代书画巨迹的重新审鉴。她以不袭前贤、不畏权威的勇气，穷数月之功对早有历史定位的阎立本《步辇图》重新鉴审，在七十件国宝大展的欢乐之声中唱出异腔别调，使人耳目一新，学术报告会上听众对她的热情掌声，至今仍然回荡耳畔。

这以后，她又花去许多时间对董源的《潇湘图》《夏山图》及《夏景山口待渡图》三卷进行研究，写出论文，提出质疑。此外，她质疑的还有石涛的作品。她还准备对更多的可疑之书画做重新鉴审。

纵观书画鉴藏的历史，一个鉴赏家常是集创作、收藏、鉴赏于一身的。米芾是这样，王晋卿是这样，赵孟頫是这样，董其昌也是这样。

陈佩秋对古代书画鉴赏的执着，也是有着她的底气的。以她的勤奋，对唐、宋、元三代的书画，有着三沐三浴的修炼。她常言：“我的鉴定和职业鉴定家不同，我是以画家的经验和眼光看画的。”“画家的眼光”就是谙悉绘画本身发展变化的规律，山的皴法、石的点法、水的画法、衣纹的描法……各种风格何时出现、何时消失、何人首创、何人继承、何人发展，都能了然于胸。没有这种底气，陈佩秋还会有执着的根基吗？

书画市场红火，价值数万元一尺的画不作，而执着于书画鉴定。是想当鉴定大家，还是真的犯了傻劲儿？在我和她的多次交谈中，她都说她不想抢鉴定行当的饭碗，更不想当不赚钱的“傻帽儿”，但是鉴定界随意之风的蔓延，学术水平日下，激发起她的历史责任感，欲挽将倾之狂澜。她要将感观的经验性鉴定方法与现代科学技术相结合诠释画史上的悬案，对历史和后人都有个交代。这当然是她个人的取向，一家之言，但是有这样一家之言，比万马齐喑要好得多。

一个美好的理想在支撑着陈佩秋的执着。或者说美好的理想是陈佩秋执着的另一个根基。

艺术的底气和美好的理想两大根基建构成的执着，是无法动摇的。

我看陈佩秋，也常会奇发妙想：像她这样拿得起、放得下的奇女子，如果从军，定会成为驰骋疆场的将军；如果从政，定会成为政坛上叱咤风云之人物。这种执着或许会给她带来挫折或麻烦，但丹青无悔，这正成就了她在艺术上成岭成峰的今天。

陈佩秋在鉴赏书画

陈佩秋在她的艺术研讨会上

像陈佩秋这一代的画家，在艺术生涯中往往会留下许多概念的烙印，诸如传统与现代、东方与西方、革新与保守、政治与艺术等。生活在这样一个相互对立的历史夹缝中的画家，常常站在十字路口，处于一种尴尬的境地，容易失去平衡，失去自我，而当他为坚守某一概念而生活时，则又成为另一概念的牺牲品。拿着手中的笔，真不知该往哪里走。

陈佩秋是如何跨越十字路口，摆脱尴尬境地，走上成功之路的呢？且听她的自说自画吧。

目录

篇之壹

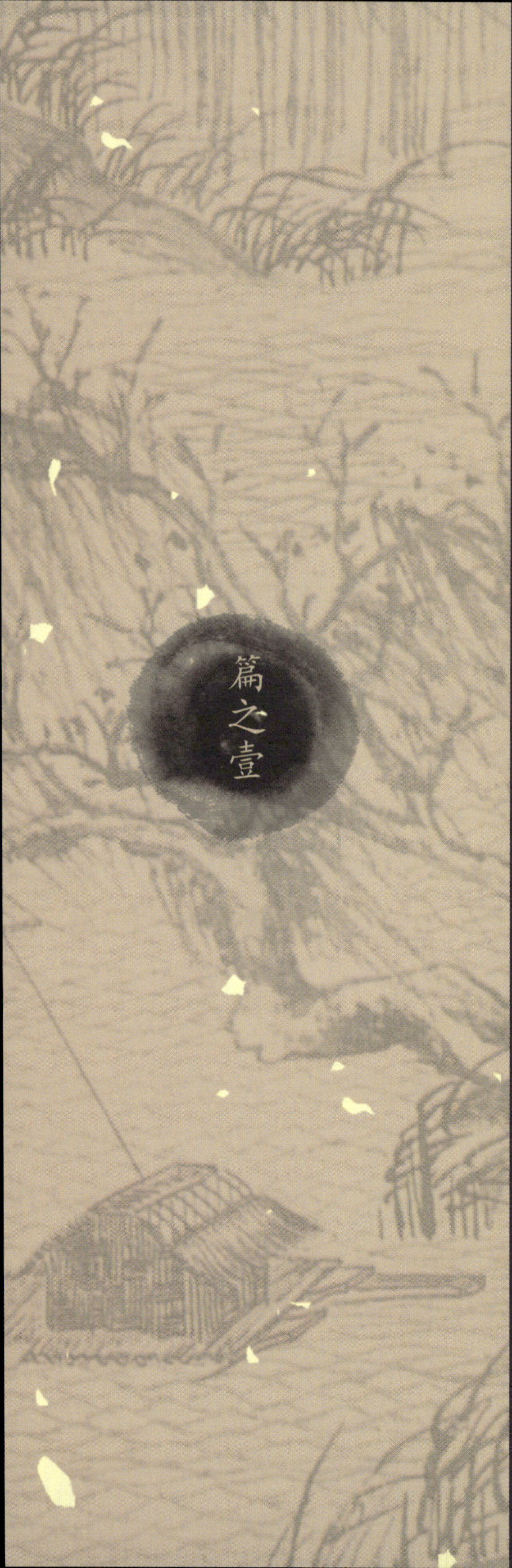

临摹就高求难
创作追求卓越

率真执着、善良可敬的画家陈佩秋

大约在19世纪初期，陈佩秋的祖父母从河南南阳流落到昆明，落地生根，故陈氏在书画上常署“南阳陈氏”。其父陈治阶，早年入云南讲武学堂，后在蔡锷将军的讨袁护国军任军需处长，并与朱德、朱培德、刘文辉往来密切，后转学中医，成为一位名医。其母尹定贤，四川人，父亲是一名知县。1923年2月14日，中国时历是岁为海葵亥，腊月二十九日，陈佩秋出生于昆明象眼街68号，生肖属猪。

陈佩秋还见到过她的祖父，但祖父不和他们住在一起。在她的印象中，祖父常来向父亲讨钱，她见了祖父有些害怕。祖父死后就落葬在昆明，在山坡上选了风水宝地，此处就成陈氏族茔。墓地立碑纪念，陈佩秋这一代人的名字也都刻在碑上。

大姐永庆，幼承家教，是中医师；兄长陈永定，名字是和尚给起的，以为这样的孩子容易教养，后留学美国学冶金，回国后为钢铁工程师；二姐早逝；四妹永葵；五妹早逝；六妹永庄，是中学英语教师；陈佩秋排行为三，名字佩秋是老师给起的，取自屈原《离骚经》“纫秋是以为佩”。20世纪70年代，我曾两赴云南，过昆明时去象眼街，拜望她的母亲和她的大姐。

幼时，陈佩秋受教育于昆明，先后在第五小学、二十四高级小学、昆华女中、天南高中等学校读书。卓琳也是昆华女中的学生，那时动员学生参加战地文工团，卓琳去了。陈佩秋幼时对绘画有浓厚兴趣，学校有美术课，跟着老师走出学校写生。抗日战争期间，许多画家都转移到四川重庆，张大千、徐悲鸿、黄君璧、傅抱石、谢稚柳都到昆明开展览会，陈佩秋即前往观摩学习。她把自己的画送给黄君璧看，请求指教，得到黄君璧的夸赞，并建议她考艺术学校。结果未能如愿，高中毕业后，她遵从父命考取了西南联大经济系。

陈佩秋看老照片

陈佩秋学生时代在杭州国立艺专写书法

郑重：你是怎样走上绘画道路的？

陈佩秋：我19岁考入西南联大经济系。那是父亲的意见，在经济上只支持学工程之类的专业。但我的兴趣是绘画，在西南联大经济系只读了一年，我就退学在家。在家中画了一年，才考进搬入重庆的国立艺专，改学绘画。在国立艺专读书时，有人动员我去延安，因那时兴趣是学绘画，我没有去。

郑重：西南联大是当时的名校，你放弃了那里的学习，不感到可惜吗？

陈佩秋：没有，我可以按照自己的兴趣学习了。但父亲有些不情愿，他只供给我学理工的经费，这样就和家庭断绝了经济上的往来。

郑重：你能说说国立艺专搬到杭州的情况吗？

陈佩秋：抗战胜利后，国民政府教育部决定重庆国立艺专一分为二，恢复杭艺专，仍称国立艺专，重建北平艺专，学生可以自愿选择一校就读，我就选了杭州国立艺专。一时交通不便，我是乘了军用飞机先到南京，然后再去杭州。

黄君璧《山水》

郑重：当时校址还是在罗苑吗？

陈佩秋：罗苑本来借浙江大学的，这时已被浙江大学收走一部分，校舍的另一部分是在照胆台、白公祠，环境很荒凉，教具也没有了，还有一具明朝木乃伊，胡子还有。学生宿舍一个房间摆着六张床，很拥挤。

郑重：当时的教学情况怎样？

陈佩秋：我那时还是低年级学生，上的都是基础课，专业课就是临摹古画。当时，我临摹了黄君璧的画，高年级看了很称赞，说是黄君璧的副本，可以乱真了。继续临摹五代赵幹的《江行初雪图》。

临摹是学习中国画的传统方法，但近百年来对这一学习方法褒贬不一，多有批评，认为它陈陈相因，束缚了画家的创造力，使中国画走上了一条死路。陈佩秋的绘画，却走了一条较长时间的临摹古画的路，而且着力甚多。恰恰又是这位在传统绘画中用功最深的人，走出了一条创新之路。对这个问题，我们进行了较多的讨论。

陈佩秋在鉴定古画

郑重：中国画传统的教育都是从临摹古画开始的？

陈佩秋：中国画都是从写生开始。如何把客观存在的对象转化成艺术，古人是花过许多功夫的。如山水的多面、远近、高低、前后、曲折、平直等，前人经过搜索，已经创造了许多表现方法，已经进行了升华，和现实不相干了。临摹不是目的，是一个认识过程。通过临摹，可以认识各家各派的画，了解前人好在什么地方，在学习中才会找到一条正确路线，知道应该怎样学。临摹到某一个程度，技法才算过关，你在绘画成就上才能稳步上升。

郑重：你是如何临古而出新的？

陈佩秋：这里有一个漫长的过程。还是要从我在大学学习开始谈起。我是1945年考进杭州国立艺专山水科的。当时教山水的老师先后有黄宾虹、郑午昌。潘天寿偶尔也教，但画得不多。那时学画以临摹为主，同学们都临黄宾虹的山水。黄宾虹的画在中国画传统的基础上进行了抽象，可以说是山水画中的新派，在中国绘画史上应占有一定的地位。他的画很容易临摹，而且一临就像。当时黄宾虹很欣赏我，他的许多画都由我保管。但我没有临他的画，而是临摹黄君璧的山水，当时他在国立艺专兼课。艺专高年级学生看不起黄君璧的画，看我临他的山水，大家都笑话我。但我仍没有临宾虹先生的画。

黄宾虹《巫峡密林》

张大千的两位老师曾熙和李瑞清都是推崇石涛的，所以张大千也学石涛。可能是受张大千的影响，当时国立艺专高年级的学生也都学石涛。我校高年级学生常常是开口石涛，闭口八大。李可染当时教人物画，也从学石涛入手画山水。那时候，我看不懂八大的东西，就像高年级的学生一样学石涛。开始，我觉得临石涛也蛮有趣，临了一段时间，感到还比较容易。石涛的画作也不是张张都好，对那些一般的，我就发表意见说："石涛怎么画得这样啊？"人家就讥笑我："还谈石涛呢，你懂个屁。"于是我就放弃石涛，从五代画家赵幹的《江行初雪图》入手临摹。

我想从难画的入手，觉得这样才能学到东西。我从图书馆借来《江行初雪图》，是一种石印的白报纸本子，我把它放大。画的组织结构极为复杂，单是树就有多种多样的画法，并不是一律直干几个点子，小船里也有许多东西。黄宾虹看我临《江行初雪图》，就叫我不要临，说那是匠人画。郑午昌和黄宾虹的观点不一样，他认为这个卷子艺术性很高，但不易学。两位老师的观点是完全对立的。当时，我还无法分辨这张画的好坏及艺术性的高低，只觉得临它很难，仍然坚持画下去。

郑重：你能说说美专中国画教学的方法吗？

陈佩秋：教中国画的有黄宾虹、潘天寿、郑午昌三位老师。黄宾虹先生本来是搞美术史论的，后来才学画，我和他交往较多，他画得简单，一学就可以掌握，我没有学。那时期画大笔头的，潘天寿画得最好，因为他的构图特别。他画一件东西，先要在脑子里琢磨透，很认真，所以他的构图和以往的画家不一样。以后，潘天寿也学过吴昌硕，但是他突破了吴昌硕那种圆的线条，他是用方的，他就要和吴昌硕有界限、隔开，所以他是用心地画，画得很不错。比较起来，与潘天寿同时期的那几位画大笔头的画家，他画得很熟练，成就也最高。他自己说过，他没有看过古画的真迹，看的是印刷品。郑午昌的山水画技法对我的影响较大，毕业后到上海工作，我和郑先生仍然有着交往。上海当时的山水画家中，吴湖帆的名气很大，如果以画而论，郑午昌比他画得好。吴湖帆不写生，他画的东西都是来自古画，而且多取自明清画家的东西。郑午昌不同，他写生，对山水有实际的体验，而且笔法来自宋人，更复古一些。

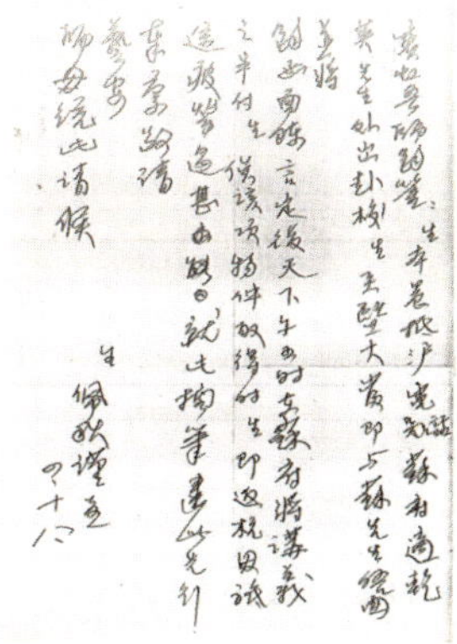

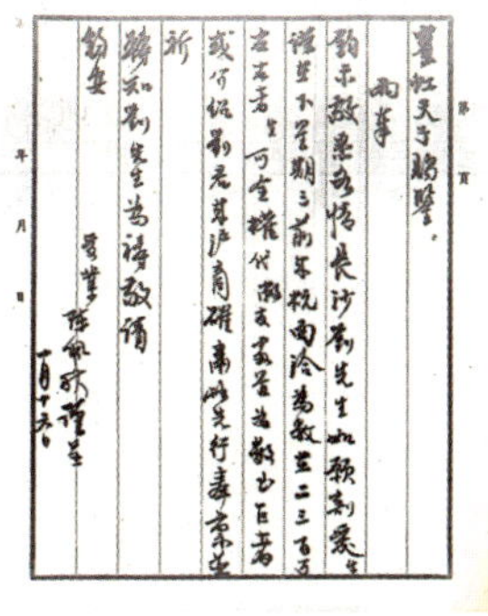

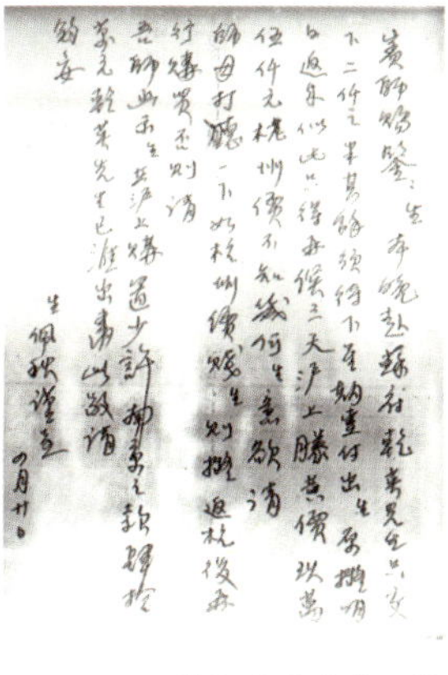

陈佩秋致黄宾虹信

郑重：在准备为你写传记资料时，我搜集到你写给黄宾虹的两封信，内容是你往返于上海、杭州间，为他买颜料，帮他卖画的事。

陈佩秋：呵，这些信我都忘了。可能黄先生看到我比较真实，又是外地学生，每天都安心地在学校画画。他的画稿都是我帮他保管的，也为他做一些像信里所说的那些事。在画上，我没有从他那里学到什么，我是为他做了不少具体的事，学生为老师嘛，这都是应该做的事情。

郑重：你的同学说你在学校读书时就很时髦，蓄着波浪式的长发，穿着红色皮鞋，很有光彩，称你是美专的一道亮丽的风景线。

陈佩秋：谈不上时髦，当时的女同学有不少都留长发，有的烫成波浪式的，有的不烫。我穿的衣服也不时髦，但是做工很讲究，做衣服时，我要亲自到裁缝铺量体裁衣，尺寸不差分毫。所以学校有些女同学常向我借衣服，穿在她们身上也很合适。

郑重：同学也都说你是美专最勤奋的学生。

陈佩秋：我学画是很用功。那时男同学躲在宿舍里打扑克，女同学除了打扮就是织毛线。冬天，他们都躲在宿舍，猫在被窝里，我仍然在教室里作画。有一次新闻记者来采访，看到这种情况，教室里只有我一个人在作画，他就拍了照片。我一个人在教室里画画的照片登在《东南日报》上。

郑重：听说，你学生时代临摹的作品送给同学，后来出现在香港书画市场？

陈佩秋：开始时，有人动员我去延安参加革命。我说：“什么革命，革谁的命？”这样，朋友当然不会再劝我去延安了。后来，我也有去台湾的机会，我想到那里不能画画，就没去。有一位女同学常借我的服装穿戴，她去台湾时，我送给她一批我临摹的古画。她从台湾去美国，为了求职，就把我送给她的画签上自己的名字，竞聘于大学教绘画。她退休之后，这批画对她来说没用了，就拿到市场上销售。我去美国还见到她，她也来过上海，我们仍然是好同学、好朋友。

赵幹《江行初雪图》

郑重：我们再把话题回到临摹上来。你临摹过赵幹的《江行初雪图》之后，还临摹过别的什么画？

陈佩秋：临了《江行初雪图》之后，我再回过头来，从下往上、由近及远地临摹。清初的六家，除了王麓台，四僧中除了渐江，我都临过。往上明四家中，沈周、文徵明、唐寅的画都临过，仇英没有临过，因为他的画比较少，找不到母本。元四家中临过黄子久、倪云林、吴镇，王蒙的只是看看，没有临过。再往上就是到了南宋，我临过李唐和马远。我很钟情南宋的画家，他们的构图、笔法与北宋的不同，完全是一条新路子，很了不起，而且那个笔法也很难学。明初的院体画家中，很多人是学南宋的，但没有一个学得好。问题出在什么地方？就是因为没有生活。我曾经到富春江去体验生活，天天不是乘车就是坐船，在富春江上行走了三个星期，你看那个景色完全是南宋人画中的景致。所以我就觉得南宋人也了不起。南宋和北宋一样，也是从生活中创作出来的，但整个笔法都变了，那个笔法就是适合表现江南早上的那个烟霭的景色。我从高处看下去，只见雾气笼罩在江面上，依稀的群山，乌黑乌黑的瓦房顶，在一片乌黑中透出亮点，这正是南宋人画的取景方式，它改变了北宋人垒积起来的多焦点透视。北宋人把垒积起来的高山、大川，在崇山峻岭中一点一点修上去的栈道，处理成一层一层的多焦点，又把好多个焦点透视拼在一起，像摄像机的镜头，上下左右移动。所以，我不赞成董其昌否定南宋画派的观点，他把自己喜欢的就说得至高无上，不喜欢的就说得一钱不值，在理论上有很大的偏见，与事实不相符。我很欣赏南宋的画，所以我临了许多。

郑重：临摹和创作是否有矛盾？临摹多了是否会走上程式化而出不来？

陈佩秋：六法中有一条“传移模写”，就是学习前人经验的问题。学习前人的什么经验？当然是学习他们通过“外师造化，中得心源”而提炼成为艺术形象的经验，而不是表面的模拟、抄袭。所谓“先师古人，后师造化”，是因为最早的绘画是先师造化，随着时间的推移，积累了众多的绘画先进经验，所以师古人，是师他们概括、提炼生活的方法。虽然是从画面到画面，但它的原则还是写生，如果不经过这一步，而直接到生活中去，没有传统积累的经验借鉴，等于回到上古时代对自然的简单模仿，你会感到无从下手。有了临摹这方面的经验，再回到生活中去作写生，你就有了准备，不仅更有助于写生，也有助于更深刻地认识古人的精神。例如学过范宽的山水再到陕西写生，临过江南画派再到江南去写生，既可事半功倍，又可发现原来古人的技法都是从他们生活过的真实中提炼出来的。进而再在古人没有生活过而自己生活过的写生实践中用古人的锲而不舍的精神加以提炼，这就发展了古人，既有传统的渊源，又有生活的依据，同时又不失自我的个性创造。

有人以为我宋元画临得多，看宋元画要比某些不熟悉宋元画用笔的人看得准，其实不然。明清的东西我临得也不少。我曾对你说过，我在学校临石涛，因为感到他画得不太难，才转而去临赵幹的《江行初雪图》了。清末六家中，最好的是吴渔山和恽南田，并不是四王，我不太喜欢王麓台。吴、恽我临得多，大都是郑午昌借给我的，那时临的是大照片，比珂罗版还清楚些。到高年级才临石涛，到上海后才临八大。在杭州时还临过明四家中的三家，仇十洲的画找不到，没临。我临一张唐伯虎的手卷，拿到上海来，郑午昌看了，说临得不错，带我去见吴湖帆，请他给题跋。早在40年代我就认识吴湖帆了，他住在嵩山路，是郑先生带我去的。吴先生在我临本的后面题了一大段跋语。

郑午昌《山水》

郑重：从你的学画过程来看，在学校读书时，学画山水是你的主科。

陈佩秋：能画山水的才算是了不起的画家。我们看绘画史，山水画起了主导作用，北宋初期已经从人物画转到山水画，整个绘画以山水为主。北宋初期山水画主要有吴仝、范宽、李成三家。范宽原来学吴仝，后来他说不行，他要自己画，就不学吴仝那一套，到山中去也不出来，就躲在山里画画。也就是说北宋初期，不是范宽的路子就是李成的路子。

岁不寒无以知松柏，事不难无以知君子。用此话来概括陈佩秋临摹古画的过程，可以说是很适合的了。她对这段经历谈得委婉动人，而她自己则是铭记不忘，丁丑（1997）冬，我曾看到她20世纪50年代所临宋人山水。有云：“余醉心宋人山水，盖其师法自然而有所取舍，此图为五十年代初期所仿宋人之作。曩者，余初习山水于校中，每有临抚，为同窗讪笑。回首此境，不觉五十余载，虽世殊事异，而所言犹在，能令人感慨系之矣。”昔日被人讪笑的抚古者今日走出了创新之路；昔日自诩为创新者而今安在？

郑重：你的山水走了漫长的临古之路，你的花卉也有着较长的临古过程，那似乎是在离开学校之后了。

陈佩秋泛筏写生

陈佩秋《临宋画山水》

陈佩秋：本来我1949年就该毕业了，但自知学的东西太少，所以在学校又留了一年，才毕业。毕业之后，江丰要到北京去工作，他动员我随他进京。到了上海转乘火车时停留了几天，与老朋友刘汝澧相遇，他当时任上海市文物管理委员会秘书，就劝我留在上海工作，因此没有去北京。在文管会，我开始接触宋人花鸟，特别是宋人团扇令我爱慕不已，花了很多工夫临摹。北京张葱玉藏有钱舜举《八花卷》。谢先生从北京带来上海，我临了两卷，一卷酬谢张葱玉，一卷自藏赏玩。我的花鸟一直在宋人的圈子里转，直到70年代，我才开始留意八大的花鸟。我没有照本临摹，而是常看，八大的石头画得很特别，看得多了，我就开始临。有的朋友看我临八大，就说："你干吗学八大而不学郑板桥？"可我心想能学郑板桥什么呢。选择谁作为你学习的榜样，这是很重要的。我是从高从难。开始学画只知道从难，不懂得何谓高，后来才渐渐知道何以为之高，从高比从难更难，有些高水平的画是很难学的，一时学不好。

花卉和山水有所不同，只要临几家，其他人的作品不临也能看懂。宋人的花卉都是双钩的，线条要勾得劲挺。南宋花鸟跟北宋的花鸟是有出入的，你只有认真地临摹了几家，才能看出他们之间的不同。

笔者曾借阅陈佩秋《仿钱选八花图卷》，并其另一佳作《闵行一条街卷》，赏玩经旬方归还。陈氏的仿作忠实地再现了钱选的高古风格，细致的描绘、优美的线条及淡雅的设色，令仿作充满静谧之氛，印证了她对表现完美的信念。此卷为摹仿与造假之不同的另一旁证。此卷原迹中有赵孟頫的题跋："右吴兴钱选舜举所画八花真迹，虽风格似近体，而敷色姿媚，殊不可得。近来此公日酣于酒，手指颤抖，难复作此，而乡里后生多仿效之，有东家捧心之弊，此卷诚珍也。至元廿六年九月四日，同郡赵孟頫。"陈佩秋素来推崇赵孟頫的小楷，临摹的题跋亦用工整小楷，和赵题几可乱真。摹本卷尾，谢稚柳亦长题，其有句云："右云溪看《八花卷》，今在张氏韫辉斋。壬辰秋日，予自北京还上海，此卷得假置行箧，展赏累月。佩秋为摹写一过，亦得其八九。"此卷后为香港名医黄贵权所得。陈佩秋又补题："钱舜举《八花图卷》，原为张葱玉氏所藏。五十年代初，余借临二本，其一酬赠张氏，款书谢稚柳作。其二为此本，颇得大书家潘伯鹰赏识，并为赋诗赐题，现藏香江黄贵权博士处，已十二寒暑。兹将付褙，属余题记。时丁丑十二月，高花阁健碧在海上巨鹿园。"

陈佩秋与谢稚柳

陈佩秋《摹李嵩花篮图》

郑重：既然许多画家学画都是从临摹入手，为什么有的人取得了成功，有的人就只能在临摹的怪圈里转悠而无法走出来？

陈佩秋：首先一个问题是对临摹目的性的认识。有的人把临摹当作目的，为的是从临摹中掌握优秀的技巧。学技巧固然很重要，但更重要的还在通过临摹把前人的画弄懂，要懂得前人的笔法。许多人对古画虽然临得很好，临得很像，但并没有弄懂人家的笔法奥妙之所在，没有自己的心得，他记住的只是前人的形体，把前人的脸贴在自己的脸上，那仍然是人家的面孔，而不是你的。所以光是临得像并不稀奇，用几年的工夫临一张画，临一种画，学一种表现方法，那肯定会很像的。但是其中的一些笔法你不一定学得到家。笔法包括很广，它的树法、山法、石法、皴法，特别是那些细微之处，对这些东西如果没有搞懂，画出来的东西只能是脸谱化、公式化的，是没有生命力的。

有的人临了多年的画，却临画而不懂画，其中重要的原因就是没有生活体验，对客观物象不了解。元人的画笔墨功夫是好的，但是从元人开始就有轻视客观生活、着重主观意象的倾向，只在古人的笔墨和造型的形体中求变，从他们的画里可以看出来，他们的生活体验不多，到了明清，画家就更少生活体验了，只是游戏笔墨，在前人的笔墨里翻跟斗，翻来翻去，跳不出前人的范畴，为前人所困。举个例子，北宋范宽的山水是长短线条和点子相结合的中锋用笔方法。以《溪山行旅图》上的点子而言，不是一个圆点和圆圈，它的形状变化很多。但是后来学范宽的人都是用的一个圆点，点子的形体变化却极少，越画越简单，越画越懒。在画史上学范宽的人都不如范宽，他们没有学懂，因为范宽的点子有那么多的变化。变化是依各式各样的树叶子的不同形状而产生，它多变的点的不同笔法是依总结和概括了客观自然的形体而产生，这种笔法不是一厢情愿的，而是表现远山上的树木的复杂缩影。如果只知点子是代表远树，而不知树叶怎样概括，那么，哪里还能有高于前人的创新和发展呢？

陈佩秋《水佩风裳》

郑重：这使我想起另一个问题，这里有没有对待传统的态度问题？

陈佩秋：当然有了。我们要想弘扬传统，首先必须认真地分析传统，哪些是精华，哪些是糟粕，哪些是今天条件下可以继承和弘扬的，哪些是今天应摒弃的。没有对于传统的正确分析和认识，“弘扬传统”不过是空洞的豪言壮语，未必能达到预期的良好愿望。

我一直以宋画是中国画比较优秀的传统，它从概括自然而升华到中得心源。陆俨少先生则是以元画为传统的最高峰。只可惜元人崇尚心灵美而舍弃了大自然的形象美。试问有哪一张、哪一家的元画山水，有宋画山水的那种雍容磅礴气势？气势不光为形象美，同样也是包括心灵美、笔墨美的一种表现。

我在国立艺专求学时，用功临摹珂罗版的五代赵幹《江行初雪图》，后来黄宾虹先生看了，认为那是匠画，不值得仿效。他要我仿效翁同龢游戏翰墨、逸笔草草的木石图，认为那才是至高无上的逸品。再后来，20世纪50年代初期，我在上海致力于临摹宋人的团扇花鸟，上海中国画院的有些画师认为那是包小脚，小脚缠后就放不大了，画竹子应当学郑板桥。我是有些我行我素，没有听老画师的话。

郑重：你一直在抒发自己的个性，无论是对生活还是艺术，你一直都在探索追求。

陈佩秋：不管哪一种创新的个性，必须合乎美的原则和难的原则，而不能简单地认为“再现”是低级，“表现”是高级。如果你的创新是不美的，很容易仿效的，则无论怎样与众不同，也是没有高品位的价值。例如，赵幹的画和翁同龢的画，究竟哪一种更美、更难呢？任何一个时代的艺术不能一概而论，晋唐宋元的绘画，现在留下的，大多是很美的，但也不尽然；明清绘画也不是完全不好，这要具体分析，走向任何一个极端都不好。

陈佩秋扇画《春酣》

陈佩秋扇画《秋葵》

陈佩秋《红树鱼勾子图》

郑重： 创新需要个人的性格，那么学习的过程，我认为也是需要画家个性的。如何把学习别人和发挥个性统一起来？

陈佩秋： 人是有个性的，也有自己的偏爱。画除了表达对象之外，也表达自己的个性，或是偏爱某个人的字体，或是偏爱某个人的绘画风格，或是偏爱某种体裁的绘画，且也不是一成不变的，随着年龄、知识的增长，或遭遇等的变化都会改变，只有当各方面的知识、经历及其他各种修养都成熟时，这种偏爱才能够持久不变。经历不够丰富，认识比较单纯，只是直觉的喜爱而已，还不能定论。写意画中，明朝的徐青藤、陈白阳，尤其徐青藤（南京博物院藏的花卉卷特别好，朵云轩有木刻印本，非常精致，可惜售价要四千元）的精品是非常值得学习的，它可用来比较近代的任伯年、吴昌硕、齐白石等；其次是清初的八大山人朱耷和石涛。石涛主要是画山水的，但他的花卉和兰竹都画得不错。八大主要画花鸟虫鱼，山水也画得好。这两家的作品，也得研究，他们的格调是比较高的，近代海上的画家多不及此。

篇之贰

画风三十年为期
笔墨当随纸应变

从梁启超呐喊中国画会走向消亡，呼吁救救中国画开始，到现在将近一百年了。一百年来不断有人喊着中国画衰落，可还是不断有人在画中国画，也有的人当他以理论批评家出现时，认为中国画好景不长，前途渺茫，可是当他作为画家时，则仍然在努力画中国画。也有人在早期喊着消灭中国画，可是最终放弃了油画，用毛笔在宣纸上作画。中国画在理论与实践上进入了一个怪圈。

郑重：如何看待这样的现象？中国画真的会消亡吗？

陈佩秋：我不这样看。我对中国画的前途是乐观的。每个时代有每个时代的画。远的不说，就以清末民初以来的绘画来说，每隔30年，就可以看到画风的嬗变，三四十年代的画和20世纪初的画风不同，五六十年代的画和三四十年代的画也不同，现在的画风和五六十年代又有许多变化。这就表明每个时代都有代表那个时代的风貌，属于那个时代的画。明清以来的画风并没有延续到今天，这说明中国画在发展变化。

梁启超处在那个时代，对艺术现象自有他的敏感，但他毕竟不是一位画家，也不是一位美术理论家，他看到的画不会越出清初四王及扬州八怪，其他如任伯年、赵之谦、吴昌硕、齐白石等也可能看到一些，所以梁启超的论断很有局限性，是片面的。后来留学归来的林风眠、徐悲鸿对中国画的前途也持悲观的态度，提出改造中国画的主张，我想他们当时没有看到中国绘画高峰时期的唐宋绘画。即使像张大千这样的画家，早年也只是在石涛的圈子里打转，接触唐宋真迹也是在他去了敦煌之后。可以说，在张大千去临摹敦煌壁画

陈佩秋《天目山杜鹃》

陈佩秋《蜀葵泳鸭》

之前，中国美术界对中国绘画优秀传统的认识还不够，当然也无从谈起对优秀传统的吸收学习了。待到唐宋名迹流出宫廷散落到民间，及敦煌壁画的发现，唐宋画才引起画家的注意。特别是后来故宫博物院的开放及唐宋名迹的不断出版，人们的眼界才有所提高。当时出现两种情况，一种是把唐宋真迹放在打倒之列，不屑一顾；另一种则是拼命地学习和吸收。后者以林风眠最有典型意义。他从国外学习归来提出打倒文人画，后来看到唐宋真迹，为之倾倒，并悄悄借来宋人作品进行临摹，用毛笔和宣纸创造墨彩交融的画。因此，他的画中有中国画的传统养分。

现在有一个非常好的现象，唐宋绘画优良传统越来越引起人们的重视，去研究它，学习它，吸收它。另一个非常好的现象，就是对西方各个流派的绘画我们接触的机会越来越多。像上海的双年展，展现了当今世界各种画派，其丰富多彩不亚于威尼斯的双年展，而且上海美术馆的布展水平已和国际接轨。只是现在这两个现象还有些游离，我想将来会越来越接近，中国绘画的前途会越来越广阔。

郑重：也有人认为中国绘画一定要回到唐宋的传统中去，要改革绘画材料，中国画才有出路。林风眠先生在改造中国画的主张中就有一条要改造中国的宣纸和毛笔，而且提出了具体的设想，但最后他还是被毛笔宣纸征服了，每天深夜用毛笔在宣纸上练习线条。对这个问题，你有什么体会？

陈佩秋：事物不是在口号中就能得到发展的，一切都应顺其自然。新的画派的出现也是这个样子，人为的给它设计一个发展方向，将来它却不一定按照你设计的路子走。至于绘画工具，无非是纸和笔吧。中国的笔是世界上奇妙无比的绘画工具，中国画的艺术效果就是从那支毛笔上来的，我不知道还能有什么更好的工具可以代替毛笔。

郑重：中国的毛笔和西方的刷子，画出来的效果不同。你作画时除了用毛笔，也用刷子吗？

陈佩秋：西方的画是以色彩为主，也有用笔，但是他们用笔很简单。我们中国画是以用笔见长，用墨见长，而非以色彩见长。我们的水墨画很多，水墨是单一的颜色，这就靠用笔来体现。我们的颜色不及西画，西画的用笔，笔触变化不及我们。我不是贬低西画，因为这是由于工具和传统的不同而产生差异。我们笔的复杂和巧妙，是西画远远难以企及的。各种各样的笔触，在书法中就有很多。我们说书画同源，书和画是两回事，写字是靠那几个偏旁产生字的变化，那几个偏旁再多也不过几十种，画画用笔那就太丰富了。

我们的笔是软的，和西方硬的画笔不同。赵无极、朱德群都是当年国立艺专的学生，我们也算是同学嘛。他们在巴黎待得久了，看到西方的画比我们多，他们对西画的经验也比我们多，当然色彩就好了。可是

陈佩秋《九月海棠》

他们的笔法就简单很多了。他们画出这样的作品，当时我就怀疑，他们的工具肯定和我们不同。后来发现他们的画夹里有一个大刷子，足以证明他们的画确实是刷子刷的。张大千画的荷叶这样精密，就是用的排笔，这是一支一支的，和西方的刷子还是不同，如果用小笔，是不能画出那样大的荷叶来的。排笔有五六支笔排在一起，一下子可以出一大排来，不过还是可以有中国笔的效果。我不反对用刷子，什么工具都可以，只要效果好就可以。

郑重：中国画除了用笔，对用纸也特别有讲究。

陈佩秋：至于纸，现在通用的就是生宣、熟宣、皮纸、高丽纸，日本纸也有属于皮纸之类的，还有绢。生宣很不容易控制，笔墨上去易化开，且不一定按照画家的想法去化开，作画时不大有规则性，但熟能生巧，用好了就会产生奇妙的艺术效果。要在生宣上画出唐宋人的风采来是不可能的。熟宣和绢当然容易控制，作画时可以得到预想的效果，但是要用现在生产的熟宣和绢画出唐宋人的效果来，也是很难办到的。要画出唐宋人绘画艺术效果，除非用古绢和澄心堂纸。

郑重：澄心堂纸在宋代就极为珍贵了。我在书上看到一段记载，宋欧阳修以澄心堂纸百幅赠梅圣俞，梅氏有诗记其事，苏东坡也有诗句云“诗老囊空不一留，百番曾作百金收”。此事传为佳话。后人有诗记其趣：“九百山阴何敢望，澄心百幅亦应难。从今稍改欧梅例，一首诗须博一番。”清代徐唐在一则笔记中记载：“咸丰三年夏于茶肆中见一人携一长匣至。启之，只素纸一幅。长八尺，阔五尺余，洁而甚薄，坚韧于常纸。”可见，澄心堂纸到了清代就更为珍贵了。

陈佩秋：是啊，澄心堂纸是南唐后主李煜的特制纸。我不相信乾隆年间还有此纸。我作画是什么纸都用的，什么纸都可画，实践多了自能习惯一些。近年来画山水用皮纸较多。

绘画是不是必须回到唐宋和用什么材料都不是主要的。主要是绘画要有生活写生和临摹古人，此是学画的基础之一。不走写生和学习古人之路，即使用澄心堂纸画唐宋人的风格，也必定是个旧的模式，没有时代精神，那仅是美的复制。

郑重：有关绘画和材料的问题，我想请你再进一步谈谈看法。是绘画风格推动绘画材料的演变，还是新的绘画材料的出现推动绘画风格的演变？

陈佩秋：两者是相辅相成的。从绘画的发展来看，最早是崖岩，画在石壁上；后来画在陶器上，称之为彩陶；再后来就是帛画，画在绢锦上。那时的画和我们现在讨论的绘画在内涵上还是有些不同的。现在意义上的绘画大多是从晋唐开始的。晋唐的画，有画在壁上的，也有画在绢上的，宋代的画，大多画在绢上，也有少许画在纸上的。用来作画的绢一般有熟绢和生绢。绢是织成品，宫廷的绢原料上等，制作又精良，所以经纬细密。而一般的绢经纬间的孔隙较大，墨和颜色会随水渗漏出去，留不住笔的痕迹，也就无法配合形象的描绘。所以，必须把它加工制成熟绢，堵没它的孔隙。

郑重：在绢上作画与在纸上作画，会有什么不同的艺术效果？

陈佩秋：这一点可以先从唐宋的绢本画来分析，无论粗绢还是细绢，得有形象的证明，如《虢国夫人游春图》《高逸图》《雪竹图》《溪山行旅图》《早春图》《双喜图》等。逮至元代，就基本上多用纸而少用绢作画了。宋元的画纸，一般都用熟纸。熟纸是生纸的加工品，正如熟绢是生绢的加工品一样。但一般称绢不分生熟，单单称绢，因为民间用来作画的大多是熟绢而不是生绢；而称纸则要特别声明生熟，因为明清以后用生纸作画渐盛的缘故。生纸原是半成品，是直接从抄纸槽中抄出后经烘干而未经处理过的纸张。它虽是凝结体，不是织成物，但

陈佩秋《芙蓉》

也有肉眼看不到的毛细孔会渗水洇墨，最早并不用于书画创作，而是作糊窗、装裱、包东西等用。把生纸加工成熟纸，需要研光、填粉、拖浆、加蜡、施胶等工艺，是相当复杂的，要付出很高的成本。所制成的熟纸，毛细孔被堵没，细密而又光滑，有“纯坚莹腻”“坚滑如铺玉”“滑如春冰密如茧”等特点，如硬黄、蜡笺、澄心堂纸等，十分适宜笔墨的表现。但到了后世，仅简单地用涂刷胶矾来加工熟纸，是不利于笔墨的发挥的，画出来的效果有僵滞之弊。

再从笔墨风格的表现来看，绢和光熟纸适合于表现流利健挺的笔墨，为注重法度的画家所用，毛熟纸（侧理纸）适合于表现松秀简率的笔墨。至于所谓法度，或以“外师造化，中得心源”为标准，或以“上法古人，自出机杼”为标准。我们所提倡的是前一种法度，至于后一种法度，是倒本为末，以末为本了。而注重于情感的画派，或以主观凌驾于客观之上，或以我法超越于古法之外，则以生纸，尤其是生宣纸更适合于表现淋漓恣肆的笔墨。

郑重：有人认为，如今生纸一枝独秀，对于中国笔墨风格的多样化很不利。你是怎样看的？

陈佩秋：不完全是这样。如今纸的种类还是很多的，生宣、熟宣、皮纸、泥金纸、蜡笺，包括绢等，应该说种类不少，只不过是有的质量不高，达不到要求。即以泥金笺为例，过去的泥金直接泥在纸上，不脱落，不变色；今天的则先泥一层银，再在银上泥金，时间稍长，就会脱落，变花。再像蜡笺、粉笺，其工艺就完全失传了。又由于在绢和熟纸上作画费时费力，它的用料数量不会大，而在生宣纸上作画十分快速，用量就激增。于是，一方面因供不应求而造成宣纸生产的粗制滥造以应社会的大批量需求，另一方面因产量增加而造成宣纸的主要原料檀树皮的短缺。有人为了减低成本，于是便以草料代皮料，所以，造成今天的生宣纸的质量不高。

郑重：在绘画理论的学术探讨方面，有人提出“革生宣的命”，希望以改变纸的性能来救中国画，你是怎样看的？

陈佩秋：我有时也在生宣纸上画写意画，我的同行也大多用生宣纸。绘画材料的不同，会取得不同的艺术效果。一般湿润的笔墨，施于生纸上会形成渗出的渍痕，如在水里浸泡过的粉条，给人酥软的韵味感；而施于绢、熟纸、侧理纸上，则会形成凝敛的结边，如晒干的粉丝，给人以精韧的骨质感。可以说，在绢上作画，强调的是笔，如顾恺之的线描；在熟纸上作画，强调的是笔墨，如王蒙的皴法；在生纸上作画，强调的是墨，如齐白石的垛笔。还有，生纸上的笔墨，适宜一次成形，合于书法的原则；而绢等材料上的笔墨，则可以层层刻画，更合于绘画的原则。

郑重：对你的绘画过程，我还是有些了解的。从变化的过程来说，应该说是很丰富的。你给我画的几张画，皮纸、生纸、熟纸都有，还有一个画在绢上的小卷子。你在材料的选择上与绘画风格演变的过程是否一致？

陈佩秋：我没有很好想过。我是捞到什么纸就画，随纸应变，没有过苛的要求。早年多用绢和熟纸作规整的画，也就是被一些老先生称为“包小脚”的一派；70年代开始用生宣纸作写意画；80年代后期以来回到规整的一路，但结合了写意的方法，也就是你所说的“工笔写意”的一路，用的材料不一，既有渗水的生宣纸，也有不太渗水的皮纸，还有完全不渗水的泥金笺。但优质的泥金笺十分难得。至于我所用的生宣纸，因为是几十年前的旧纸，质量好，又经过了时间和空气温湿差的“改造”，实际上已变成熟纸或半生半熟纸了，这是今天的生宣纸无可比拟的。不过还要有一个前提，就是所使用的颜料必须是高质量的，否则画上加色的次数一多，三五遍以上，就会变脏，闷掉。

陈佩秋《山喜鹊》

郑重：用生宣纸作画也造就了许多大家，使绘画艺术宝库丰富起来，这是不是时代的需要才应运而生？

陈佩秋：明清以后，因徐渭、八大、石涛等为代表的大写意风格的盛行，生纸的使用开始普遍起来。吴昌硕、齐白石以后，直到今天，生纸，尤其是生宣纸几乎成为中国画唯一的典型材料。这是因为主观情感的发抒，生纸比之熟纸更能淋漓尽致。但是一方面，即使如石涛，也曾表示：“纸生墨漏，画家一厄。”他的一些精品，不论粗笔还是细笔，都是画在毛熟的侧理纸上的；另一方面，生纸也有多种类型，不同的生纸，渗水的效果不一样，而以生纸渗水性最强，所以最适合齐白石、吴昌硕一路的画风。

郑重：革了生纸的命，中国画是否就能走向振兴？现在有些青年画家已致力于在熟宣纸上作画，发展前途会怎样？

陈佩秋：中国画要振兴，不能只有吴昌硕、齐白石、黄宾虹，只用生纸，而应有多种风格，多种材料；写意画要提高，不能不改进生纸的制作质量或工艺。只用质量差的生纸，不仅不利于中国画多样化风格的创造，也是不利于写意画的提高的。所以，扭转生纸和写意画的负面影响，真正要想使中国画振兴起来，需要从中青年一代做起。但这同时还取决于市场。当市场对生纸和写意画有着广泛的需求，画家们还是会从经济利益考虑，热衷于在生纸上作写意画，而厂家更会从经济利益考虑，热衷于生产质量不高的生纸。所以，一方面是从画家、厂家各自的眼前利益考虑，另一方面是从中国画传统的长远利益考虑，这两种利益之间，存在着深刻的矛盾冲突，很难平衡。只有当一个画家明确了创作方向与长远利益高于自身的眼前利益，他才会对材料与笔墨的关系具有全面的认识。所以，不能靠一下子矫枉过正，而是要逐步来，从青年人做起。

陈佩秋《山花烂漫》

陈佩秋《黄花青川》

陈佩秋《蜡嘴》

陈佩秋《峨眉九老洞》

篇之叁

用墨非游戏
奥妙各不同

笔墨是中国画的核心问题。评论中国画艺术的优劣常常是以笔墨高下为标准的。逸笔草草的墨戏，曾经使中国画一度误入歧途；笔墨等于零或笔墨就是雕塑的石头与泥巴之说，将会使中国画误入另一种歧途，都是不足为训的。如何正确地理解和运用笔墨，使中国画朝着健康方向发展，看起来不光是一个理论问题，实际上是实验性很强的艺术实践。

郑重： 在笔墨的问题上，你是理论与实践兼修的艺术家，已做了较长时间的探索，形成了鲜明的笔墨个性。请你谈谈对笔墨运用的体验。

陈佩秋： 笔墨的讨论曾经热闹过一阵，公说公有理，婆说婆有理，但是对什么是笔，什么是墨都没有搞懂。夏虫不可语冰，所以也就无啥讨论头。

什么是笔？是画家控制在手里的那管笔吗？作画是需要有一管笔，这管笔是工具，是画家用来作艺术表演的道具。但是笔墨中的笔不是指这管具体的笔，而是指

陈佩秋为美术爱好者讲画

陈佩秋《幽栖》

笔在纸上所产生的形象以及形成的各种艺术效果。中国的笔和书法有关系，书画同源之说有一定的道理。毛笔的诞生和中国的文字结构的复杂性有关。外国的文字。用ABCD26个字母拼着的，它那个书写比我们容易。我们造了那么多的文字，造字用六书——象形、指示、形声、会意、转注、假借，又有那么多的偏旁，结构很复杂。到商代时候，从甲骨文到钟鼎金文，从大篆慢慢演变到小篆，小篆又到了隶书、楷书、草书，这么多的书体，很复杂。因为复杂，又因为我们这个毛笔的发明，它具有大、小、粗、细不同的中锋和侧锋，就出现了所谓书法。从甲骨及钟鼎上的文字来看，中国最早的时候用的也是硬笔。毛笔的出现就复杂化了，有紫毫、狼毫、羊毫等，紫毫最硬，狼毫较硬，羊毫最软。晋人早期的书法如王羲之所用的那个笔，写得很挺，用羊毫是写不出的。木简上的文字，用的也是硬毫，那几根毛是怎样扎的，今天无法看到。毛笔的构造也很特殊，笔尖很细，往上就渐渐变粗，用笔尖写画就是很细的线，再按下去就是点，按到底，在纸上就可以产生一个面。面的大小，与笔的大小成正比例，图画嘛，就是点、线、面。历代大书家用不同的笔法，把文字书写成各种不同的形体，每个书家有每个书家不同的特色。虽然说是永字八法，就是那个横、竖、撇、捺、点、勾等八种笔势，而每个书家在纸上形成的横竖撇捺却有不同的笔势，这就是笔法。书家的笔势是经过他们的苦练，经过自己的体会形成的。二千年来，中国书法由文字的书写工具形成为一门专业的书法艺术，在世界上是独一无二的。把这种笔势引进到绘画里应用，就形成了人物、树木、山林、轮廓等非常复杂的笔势。从唐宋元明清的画上可以看出，有成就的画家其笔势都是不相同的，这就是画家的个性。鉴定古画最靠得住的也就是笔法。历史上有许多假画，而且是制造名家的假画，尽管外表上可以摹仿得很像，但是那个笔势是不易学到的。至于印章、题款，比画的篇幅小容易仿造些，但仔细观察它的刀法、笔法和结构还是能辨出真伪。造假印，过去张大千可制锌版，现在有电脑，题款的字也是可以经电脑或

陈佩秋《野鸭》

复印机印淡再在其上用墨加深临摹的，临摹一个款比画要容易得多。因为画是包罗万象的，山水是山水，花鸟是花鸟，一个画家的艺术达到高峰时，你跟别人不同的地方就是你的笔法。所谓笔法就是那个笔在纸上所表现出来的线、点、面。如果你没有真正的、独特的、属于你的笔法造型和结构造型，那么你能做到的，别人也易于做到，你能画成什么样，别人也易于画成什么样，那还称得上大画家就很难说了。

中国画为什么要讲究笔法，照我的理解，无论是抽象的或是具象的，都脱离不了笔法。如果你要达到高峰，跟人家不同，其中最为重要的一点就是你的笔法与众不同，也就是你能达到的别人却不易达到。历史上的画家，画人物也好，画动物也好，画山水或花卉也好，凡能代表一个时代的画家，他们的笔法都很完美，恰如其分地把客观物象和自己的体验表现出来。范宽的山水，郭熙的山水，王诜的山水，李唐的山水，他们的笔法都有自己的特点，不容混淆。

所谓墨并不意味着就是黑色。红黄蓝白黑，黑本身也是色彩的一种，但和油画中的那种“黑”有所不同。油画里的黑色遮盖力很强，当画笔把它堆上去的时候，它下面的颜色就看不到了。中国画的墨表现在纸上是透明的，浓浓淡淡的在纸上可以反映好多种墨的色彩，所以单独用一种墨可以画一张非常完美的画，可以用一种墨色一画到底，不用调色，顶多就是用水。用水用墨就是水墨。画史上说水墨画法是王维发明的，我们无从考证，但是用水墨寄托自己的心意，作为自己的消遣，自然就成了游戏笔墨。画家天天就是这样画，清遣心意的目的已经达到了嘛，从中得到一种心理上的满足，可以不要再研究了，长此以往也就形成了文人墨戏的弊端。我是不太同意把水墨画当作游戏这种说法的。八大终生画水墨，但他不是游戏，在水墨中有着更高的追求和理想，所以他的水墨清华，达到尽善尽美的境界。笔和墨是不能脱离的，有墨无笔，或有笔无墨，都不能达到完美的境界。

用墨当然包括在用色里面。中国前期的绘画也是重彩的，唐代的人物画多是重彩的。当然在重彩中也用墨，那是把墨当作色彩在用。如《高逸图》《簪花仕女图》《捣练图》都是重彩艳丽。中国画的重彩和西方油画的重彩是不同的，孙位《高逸图》的那块地毯，由浓到淡，很有节奏，不像西方的油画把颜色堆上去。元代赵孟頫的《牧马图》《饮马图》，好多地方是用重色画的，青绿、朱砂，也很漂亮，跟墨交融在一起，那个墨彩用得多好。可是这种东西近代就少了。明清以后，以水墨为上，觉得重彩画没啥看头。但全部是水墨，也会使人发腻。

孙位《高逸图》

赵孟頫《牧马图》

郑重：对笔势问题，我以为许多人并没有弄懂，你能说得具体些吗？

陈佩秋：我画了几十年，也体会了几十年，现在回想起初临赵幹的《江行初雪图》，黄宾虹先生认为那是匠人画，当时还不懂，现在想想他对赵幹这一类画有偏见。他教山水时跟我说，他这个画只要两笔三笔，画山、画树都是两笔三笔，而且画给我看，要我照样画。我拿起笔来，也是两笔三笔，很好学，体会到他的那个线条、笔触、笔势是比较容易学的。

既然要学，我认为就得从难。学颜真卿的字，一笔下来，写到那个直勾就很难写，笔锋回上去再提笔勾出，看似容易，其实好多写颜字的人对这勾都是经营数番才能写到位的，这只是一个勾，其他的还有很多，否则很难产生颜真卿的那个艺术效果。再如学王羲之，他的用笔那种长一点短一点，下去的那个撇，看“刀”的那一撇像利刃一样，我分析他写的时候是把笔捺下去再拎起来，要提多少高度，用力不用力，速度是快一点还

陈佩秋《秋色》

是慢一点，还是由快到慢，那一笔啊，是非常难的。你要掌握那个分寸火候，才写得出那个笔势来。而我就要学这个笔势。前些日子画院举行书法展览，我看来看去还是沈尹默写得好。沈尹默的那副对子，楷书带一点行书还兼有草书，那种行楷、行草配合，还有行书中兼一两笔草书，写得好，笔势好。再下来就是胡问遂和来楚生了。胡问遂的功夫很深，有一定的成就，要写出他的那种笔势也有一定难度，要写到一定的程度才能成就的。来楚生是画家，他的字写得很有情趣，气息比胡问遂好，但论功力不如胡问遂深厚。潘伯鹰写得不错，很有情趣，气格也好。这四家中最好的还是沈尹默，他对中国书法的发展有贡献。

中国画发展到近代，走进诗、书、画合一的境界，用他们的行话来说是“诗书画三绝”。这是中国绘画艺术诗书画三结合发展的最高阶段，这是一种艺术理想。一百多年来，前辈画家中有不少人朝着这方面努力，并取得了成就。至于如何来评价前人所做的探索，有没有达到诗、书、画的统一，绘画是否非结合诗、书才能称为绘画艺术，等等，这些都包括自我的偏见在内。

在讨论中国画发展的前途如何时，有人提出书法性绘画或绘画性书法，笔者体会其意，即一个优秀的画家，不一定是书法家；一个有成就的书家，不一定能成为一个画家，这似乎是要把书法和绘画对立起来。而陈佩秋既是一个画家，又是一个有成就的书家，把书法的用笔与绘画的用笔统一在她的书画艺术中。

我们再来看陈佩秋的书法与绘画是如何统一的。

陈佩秋的绘画生涯虽然从工笔入手，但对写意流派的精华，她是尽情吸收，化为己有。在陈佩秋的绘画艺术中，把工笔和写意的两种画风融为一体，工中有写，写中有工。她的花鸟既吸收了八大那种笔墨简练、章法奇特、静穆清华的墨韵，又有着强烈的宋人工笔写实的风格，写实与写意、粗犷与细致、奔放与温情、抒情与状物，形成了沉重含蓄的特殊秀美

陈佩秋《春喜图》

的格调。

工笔双钩与泼墨写意，这两种看来似乎矛盾的画风为什么能在陈佩秋的笔下统一起来，而且给人以那样的美感？这是因为陈佩秋的泼墨写意，并不是东涂西涂，而是仍然在线条的规范之内，表现出以线条为主的基本特征。陈佩秋采取的写意方法，不是线的削弱，而是把线的艺术性加强了。这在她画兰花的时候表现得特别突出。她写得一手高妙的草书，把草书淋漓酣畅的笔势，用在为兰写叶上，给兰一种独特的意态，达到了书中有画、画中有书的最佳境界。写到这里，我们就可以看清楚，所谓工笔与写意，书法与绘画的矛盾，在陈佩秋的笔下已经不存在了。

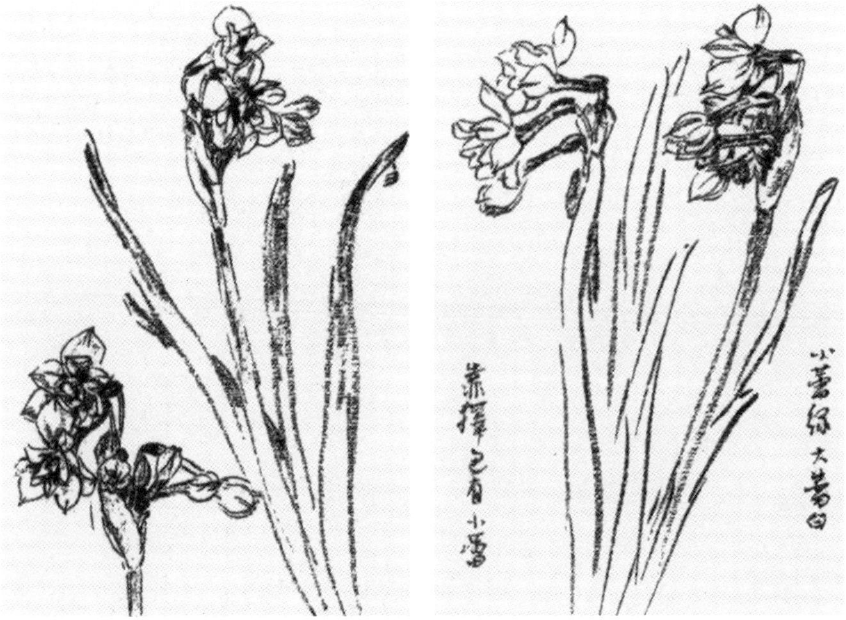

陈佩秋《兰花写生稿》

陈佩秋《芙蓉竹鸡》

篇之肆

绿色天然，草木情深
随景施彩，再赋新腔

对色的运用，陈佩秋是独具匠心的。她早年的花卉用色，单纯、清丽、明净。她笔下的兰花、水仙、梅花、桃花、杏花以及秋枫红叶，都表现出淡雅的格调。即使画牡丹、芙蓉及荷花所用的重彩，虽是大红大紫，也一洗脂粉之气。从20世纪70年代到80年代，她的用色有所变化，偏重绿色和白色，偶尔也用紫色或红色，明丽中带着静谧，热烈中又带有温馨。在用色的探索上，陈佩秋在其一书画集自序中写道："丙午巨变，十年休歇，不知画为何物，何物为画。'文革'结束，重修绘事，复又倾注于色彩绚丽之西方印象派诸家。其间，尤喜马奈、雷诺、德加。累累试图以其缤纷色调、朦胧笔意，装饰自家门面。时至当今，东西方文化交流日趋频繁，综观诸画廊：民族画派、古典画派、泥古派、唯新派、抽象派、现代派……应有尽有，五光十色，光怪陆离，不禁为之眼花缭乱、惘然不知所措。此时此际，是又不知画为何物，何物为画。"

陈佩秋《大地回春》

陈佩秋与谢稚柳、朱屺瞻等外出旅游

郑重：在用色的探索上，你做了许多尝试，如今走进“绿色时期”。如果按你的艺术发展的行程来看，把你这一阶段的艺术归之为绿色时期，应该说是比较恰当的吧？

陈佩秋：如果从我初学画20岁算起，到今天也画了近80年了，就是这样一天一天、一年一年地往前画，一步步地走下来。我主观上没有分期的意思，因为我还没有取得最后的成功，自认为还没有资格对自己的艺术进行分期。我向往绿色这是真的，我画绿色也是发自内心深处。从内心中呼唤绿色，有很大的情感因素。我觉得绿色看上去很舒服，养眼睛啊。的确是这样，草木这个东西是很珍贵的，人们的生活就离不开草木，所以有人说我的画是绿色覆盖。其实，我也不是完全覆盖，在一层一层画下来的时候，画面上我留有许多光点，有空隙，有透气的地方。在绿色下面，我还覆盖着许多东西，诸如线啊，点啊，面啊。

过去我也画绿色，诸如画杨柳、芭蕉、山茶，但在绿中带黄，或绿中夹墨，有时也和其他颜色混合着用，不是纯净的绿色。1988年开始，我有很长一段时间住在美国洛杉矶，出来进去面对的全是花，每天都生活在花丛中。那里的气候好，冬天不冷，不见霜雪，夏天不热，比昆明的气候还要好，地又肥沃，都是火山土，一年四季都是花，特别是茶花，一年到头都有怒放，今天看它谢了，没有几天新的花朵又开放了。天天走在花丛里，对我很有刺激，就想在用色上做些探索。前些年在用色上虽然也做了许多尝试，那多是借鉴中国的古画、西洋绘画及当代用色高手的作品，而这次完全是受自然的启发，从大自然的色彩中加以提炼的。在我住的周围，有许多紫色的花，我就开始对紫色进行尝试，老是画不好，有人看了，说那紫色画得还可以，可我还是觉得不怎么漂亮，和那大自然的紫色仍有距离。有时虽然不画，还是对那紫色的花静静地观察，我对它还没有放弃，想取得新的突破。现在我虽然是以绿色为主，其他颜色也画，我不想把自己就停顿在绿色里，还要不断尝试新的色彩。当然要把一种色彩用得比较成熟稳定了，才能去走新的路。

郑重：其实，你现在的色彩又有新的发展和变化，突出地表现在你去了云南的苍山洱海和四川的九寨沟，回来后所作的山水，似乎要打破你那纯净的绿色，要把新的色彩糅合进去。

陈佩秋：2000年我去了云南大理的苍山洱海。从昆明出发，中途在楚雄住了一夜，第二天清晨起，就看到山顶上那个雾啊，雾连雾啊，山上全是松树林，那个景色真好。雾慢慢地在变，我就赶快速写，勾了这个山头，又勾那个山头。雾中的树，浓浓淡淡，色彩真是丰富极了。到了苍山，山上的片片白云啊，在飘移着，变化着。苍山顶上本来是有雪的，此时天气变暖了，山顶上没有雪了。那云彩从上边下来，山头一会儿看得见，一会儿又看不见，山腰一片翠绿，那翠绿又和碧蓝的洱海的水连在一起。我从山顶勾到山腰，又从山腰勾到水边，水边有点黑瓦白墙的房子。

一张四尺的纸，我是横勾的，一面勾好翻过来再勾。回来之后，我就画了一张四米的长卷。这样丰富的色彩只用绿色就无法涵盖了。我用了水墨，有一点绿，也有一点蓝，还有清清的波澜，水天一色。不是我主观上想改变已成习惯的绿色，是客观的大自然的景象和色彩逼着我要把色彩搞得更丰富些。这样的用色，我想应该是与前不同的。

郑重： 你画的九寨黄龙，又是另一番情调了。

陈佩秋： 你用情调二字，我很赞成，画画就是要讲情调。情调是应景而生的。黄龙的水是很有特色的，它下面是沙土，沙土中含有硫黄，水流在上面表现出一种特殊的黄，长在水里的树，也全是黄色的。一旁的山是翠绿的，瀑布又白似练，从翠绿中泻下来，它的颜色从高到低，不断在起变化。九寨沟跟黄龙不同，除了瀑布比较大外，还有山是碧绿的，树是碧绿的，我去的时候枫叶还是绿色，只略有一点黄，还没有变红。九寨沟的山泉湖水太清了，绿色的山、绿色的树、蓝色的天映在湖里，使水的颜色成了一种特殊的绿色蓝色，不可思议，连画油画的人都说画不出那种颜色。但我想要尝试画九寨沟的那个颜色。年轻的时候，初次下生活，许多景象记不住，几十年来，下生活多了，熟悉了，就能比以前更善于抓住它的特点，从而留下印象。

从九寨沟回来，我也画了个卷子，从黄龙画起，一直画到九寨沟。那时是9月底，黄龙的树叶子还没有变成红叶，而是黄红色，但基本上是黄的，再过来就是九寨沟的树和房子。这次画的是重彩，非常难，加到十七八遍时，我还是画不好，又继续，总之每个小地方都要画出不同的颜色，要画出明暗，不容易。印象派的那些大家，他们用的色彩真好，可是难度很高啊。他们的那个色彩变化和我们的笔墨的形象变化都是难度较高的，不是一下子就能学成的。我对颜色也弄了许多年，寻求色彩的和谐，总感到很难成功，有时画了一张，觉得还可以，但不是张张都能画得好的。画九寨沟也是如此，有的颜色得用重一点，有的地方

陈佩秋《花下把盏》

陈佩秋《山水清音》

颜色淡一点。那个绿色就有一二十种，蓝色也有一二十种，紫和灰色也一二十种，反正在画面上，你要把色调用得很调和，这里的难度很高，也不是一天两天就能办到的。我是试探着在画，用心在画，至于效果好不好那是一回事。画好了算我的进步，不好可以再画，没有什么嘛。有时用了很长时间画一张画，看看不中意，撕了扔在字纸篓里。我一直都是这样想，不能因为老了，就要要粗笔头，虽然可以画得又快又熟练，可以画得张张一样，结果老是那样，你说有看头吗？一种小菜好吃，你不能天天吃，艺术也是这样，再好的作品，也不能公式化，更不能千篇一律。比如绿色，我现在听到赞同的声音较多，可不能因为绿色画被赞同了，就沉溺于自己的绿色，老画绿色连我自己都会发腻的，何况观赏者。画它几年绿色，也要画画别的颜色。调换别种颜色画又要重新来。所以画黄龙时，我就试着画黄色，那个黄里也有绿啊。怎样把绿色配在黄色里，这次也是试探着画的。不管画得怎样，反正到时候要拿出来让大家批评，请别人指点一下，对我会有启发。

陈佩秋，1923年2月14日生，农历壬戌腊月二十九日，俗称为小年夜。2002年欣逢八十华诞。上海文化广播电视管理局、上海中国画院、上海美术馆联合举办了“陈佩秋艺术”展览，展出历年的书画作品百余件，其中有《摹李嵩花篮图》《天目山杜鹃》《兰花鹌鹑》《蜀葵泳鸭》《水稻》《仙人球》《绿树山花》《四月春岗》……观者如行山阴道中，所憾只生二目，应接不暇。行观到《江南春色》小卷前，笔者伫立良久，有步难移。画家自题：“暮春三月，江南草长，杂花生树，群莺乱飞。健碧作于洛杉矶，时甲戌圣诞，长孙女出生方二月余，室温有如江南。”真乃画境心境合而为一也。佩秋笔墨及性情刚毅挺拔，有大丈夫气概，却又不失画品温婉可亲，而胸中自有一番儿女情长。此画此情，怎能不使人拳拳赞之？此时，陈佩秋在儿媳沐兰的陪伴下，缓步而至，我兴奋不已，遂有如下对话。

陈佩秋与谢稚柳在香港

郑重：陈老师，你这《江南春色》可是上上之神品啊。

陈佩秋：谈不上。不过，现在没有时间和精力这样画了。前些年和谢先生住在洛杉矶，生活比较清静，可以定心地画，不是一天两天画完的，每个阶段都要花上几天时间，跟油画的创作差不多了。

郑重：你这画的是外国风景，可你标上《江南春色》，可见你身在异域，心在江南。

陈佩秋：我画的是中国画，当然还离不开中国情结，外国风景权当中国风景画。画上的每一块颜色不知加了多少遍，否则没有层次感。颜色也是点上去的，这样才能有笔触，有笔法，有时用细笔，有时用粗笔，粗细相间，全是中国画的技法，和西画的用笔根本不同。宣纸湿的时候看上去颜色是对的，干了以后效果就不对了，只好重画，一直要画到干了以后的效果对了才罢手。

郑重：画了多长时间？是断断续续画的吧？

陈佩秋：是的。断断续续前后画了两年。刚开始，画不下去时，便搁在一边，过了一年，再画，再加颜色，不断地丰富起来。有时找不到感觉，画不下去了，就放手。画到最后才加上七个小黄鹂。我在上面也题了丘迟的文句：“暮春三月，江南草长，杂花生树，群莺乱飞。”

郑重：（我们走到一个书法卷子前）你的字也有许多变化，写得苍茫飞动，沉着凝练，能否借给我临一遍，把你的字和谢先生的字糅合在一起。

陈佩秋：可以借给你，能有个糅合会更好。你注意了这个卷子，很多人不一定会注意。

郑重：你应盖上那方“忆谢堂”印啊。

陈佩秋：你弄错了。忆谢堂，是指李白忆谢尚，不是我忆谢稚柳，牛头不对马嘴。我在入画院的50年代中就用这方印，谢稚柳天天在上海，何用忆字？

篇之伍

生活艺术两相融
造化心源一体通

生活与艺术，这也是一个老话题了。从唐代张璪提出“外师造化，中得心源”开始就讲这个问题。这一理论正表现出中国绘画对自然力量所持的亲和而敬仰的态度，历史上许多画家正是虚心学习自然而创造了不朽佳作。一百年前，人们就看到了中国绘画的衰微，提出了尖锐的批评，并有不少人致力于把中国画从陈陈相因奄奄无生气的境况中解放出来，但多收效甚微。像陈佩秋这样半生从事临摹，传统功力深厚的画家，为什么不仅没有走进明清的窠臼之中，反而能绕过了这一歧途，把传统笔墨与描绘对象的真实性加以融合，把中国山水画推向了革新之路？这是因为她几十年来忠实于自己的艺术信念：临摹传统，回归生活，对景写生，随形落墨，提炼升华，推陈出新。

郑重：生活之树长青，这在你的创作中有着充分体现，在深入生活写生时，你也有较多的体会。请结合你的创作来谈谈你的体会。

陈佩秋：从50年代到60年代，我们一直强调深入生活，画院组织去农村、工地、渔场。因为我是画花卉的，就去上海植物园深入生活，在那里种花、养花，对花写生。我画过各种花卉的写生稿。特别是兰花，我积累的写生稿较多。有不少人对这段历史持否定态度，我则不然。我和兰花有缘，房间里摆上几盆兰花，就会满室生香，心情也就愉快起来。我画兰花主要来自写生，它的叶和花瓣的形体与前人的有所区别，这正是从多年写生中来，渐渐的有所塑造，这和画史上的画兰有所不同。

什么叫深入生活？是否人到了那里就叫深入生活？我们喊了几十年深入生活，但实际并未深入下去。人虽然到了生活的现场，但并没有仔细观察，虽然也看到了许多山啊，树啊，花啊，看的时候只是瞄上一眼，走马观花。它是什么东西？是一棵树，大概是棵松树，至于它的叶子是怎样组织的，枝蔓是怎样交叉的，没有深入的观察，看到的只是一个大概轮廓，实际上没有看进去，或者说没有看懂。

2001年陈佩秋在武夷山

对我们画家来说，深入生活仅仅去感受体验一下是不够的，必须对景写生，要弄懂客观事物的组织机理及生态结构。你要画牡丹，总要知道牡丹是几片叶子，那叶子又是怎样生长的吧；画梧桐，你总要知道它的叶又是如何发杈的吧；画茶花，你总要知道它的叶是一瓣一瓣左右来回排列的吧。你总不能把牡丹的叶子画成茶花的叶子。既然是写生，我们就要对自然照写。生活是基础，写生是艺术创作的初级阶段，必须那样走过来，人的眼睛总不能画成鼻子的样子。我们有的画家创作时，什么花都是画成一个样子，你说他没有生活，他说他在变法，在创新。成功的创作并不要求和物象一样，但你是画家必须知道物象是什么样子的东西，尽管后来有变化，但不管怎样变，还是要让人看懂你画的是什么东西，要符合物变的理数。如果变得全都让人看不懂，或者说根本是画错了的，就可以断定这位画家根本没有生活。一位作家有没有深入生活，一看他的作品就可以知道了。

郑重：你在深入生活时是如何搜集资料的呢？

陈佩秋：我和有些人不同，不用照像机把客观事物摄下来，作为创作时的参考。我是对景写生多一些，而且是用毛笔，把花卉树木石纹很细致地勾勒出来，当然大的块面，我也只是用干笔擦几笔就算了。就以石头来说，也是千变万化的，不只是它的形状千变万化。石头的纹理之多，是我们想象不尽的。我留下的写生稿子不是几十张，几百张，而是几十本数千张，光是兰花的写生稿就有十几本。现在，我有时还翻翻那些写生的稿子，它会重新唤起我的记忆，对创作有所启发。

郑重：生活中，客观对象那样多，可谓是写之不尽。你在写生时如何处理这些问题？

陈佩秋：是的，在现实生活中，我们看到的事物太多了，哪里能写尽！只能找自己有体会、有感受的去描写它。但是对着一个具体的物象写生，那必须是具体的、准确的，当然不能画得像标本一样。写生只是我们创作的初级阶段，写生之后还需要升华、提炼，这就是张璪的后一句话“中得心源”了。照我理解，“中得心源”有两层意思，一个是在生活中你对物象的感受、体会，另一个就是从前人的作品中寻找他们是如何得“心源”的。经过自己的写生再回过头来看前人的作品，那会有许多新的发现，你会发现你没有看到的，前人看到了，你没有体会到的，前人体会到了，更会发现前人没有体会到的你体会到了。一旦发现你比前人有体会之处，心中会很高兴的。当然通过写生，你也会发现前人的许多弱点。诸如明清人画的竹子，有许多是体会不深或者是根本没有生活体验，而是在前人的画上找生活体验。他们把竹叶概括成个字、介字、分字，等等，这与客观世界越走越远。别人叫我学郑板桥的兰竹，我是否也要天天撇“个”字、“分”字？郑板桥是一位深知人民疾苦的好官，但不能因此说他的画就是好画，在艺术上，就是我们学习的榜样。

陈佩秋《幽兰》

对花草树木山石写生还是比较容易的。对禽鸟、牛马等动物写生就要困难得多。动物是活物，它不能像人体模特儿摆好姿态让你慢慢地素描。有一次我和林风眠先生到农村去写生，林先生在画一头牛，那头牛转来转去，林先生就拿着写生本跟转动的牛头兜圈子，最后还是画成了。任何一位想有作为的画家，他的创作都不能离开写生。唐宋有些画动物的画家，我想个个都是写生高手，否则他们画的动物形象不可能是如此的准确生动。但不知道他们是如何写生的。任何一位画家的画，他的写生水准如何，都能在画上反映出来，能掂出他的分量。

郑重：“外师造化，中得心源”这是唐代张璪提出来的，到现在已经一千多年了。是否每个时代的画家对它都有新体会、新发展？

陈佩秋：张璪的这话也是从前人的实践中总结出来的，当然也包括他自己的体会，看来唐代画家就实践了这个创作原则。到了宋代，画家进行了更深入的尝试、实践。如荆浩隐居太行山洪谷，写松万本；范宽隐居终南山，与山川风月默以神会；郭熙饱游饫看，历历罗列于胸中；赵昌的晨露写生；易元吉的深山窥猿；赵佶的正午月季、孔雀升墩，等等。几乎没有一个有成就的画家，不是在“外师造化，中得心源”的实践方面做出了艰苦的努力。而从元代开始，这一精神便衰退了，你看倪云林的画，笔墨是好的，但构图章法，总是那么三段，未免大同小异，远及不上宋画的千岩万壑、千变万化。

郑重：我遇到过一些画家，也深入生活，也画了不少写生。可一旦进入创作，他的生活所得与艺术的创作还是有些脱节。可不可以这样说：“外师造化”是客观，“中得心源”是主观，是一个画家的悟性。悟性不高的人，也成不了艺术家。

陈佩秋《白河大桥写生稿》

陈佩秋：你说的悟性，其实就是画家对客观事物的领悟，领悟也是在实践中慢慢提升的，不是先天带来的所谓天才。它不能离开客观事物，当然，离开客观事物纯以思索的也有。画家不是哲学家，不能完全靠冥想，悟性是形而上的思索，它是以客观事物为对象。这里面牵涉到物质第一性、精神第二性的问题。所谓“皮之不存，毛将焉附”？画龙点睛，这一点之睛固然可以认为比之于龙身“更重要”，但它不过一点而已。这一点再精妙，脱离了庞大的龙身，有谁知道它是龙睛呢，还是牛睛？同样道理，如果没有深入的“外师造化”的基础，这画龙点睛的“中得心源”又从何来体现它的价值呢？我们可以认为，心源颖悟高的画家，比之心源迟钝的画家，在同样深入的“外师造化”过程中会取得更出色的收获，却不能认为，心源颖悟高的画家，不需要在“外师造化”方面投下艰苦的努力。

陈佩秋《绿树山花》

郑重：有人说“天才加用功”就是成功之路，绘画也是这样吗？绘画有没有天才呢？

陈佩秋：画画要有天才，要用功，这是不错的。但什么是天才？我想，只要你爱好画画，你就有画画方面的天才。从这一意义上，我们今天的画家并不比敦煌的画师差，不比范宽、林椿差。只是八大、石涛、吴昌硕、齐白石出现之后，把天才的问题神秘化了。至于学画，我们今天的条件远比古人优越。古人的各家各派的画，我们都可以看得到，不仅可以到博物馆中看原作，还可以把高度清晰的印本画册买回家中仔细研究，还有西方的各家各派的画，我们也都可以看到。写生的条件，更不知比古人便利多少。所以，只要端正了创新的方法、方向，业精于勤，行成于思，中国画的振兴，传统的振兴，指日可待。

郑重：我和你相识几十年，一直看到你在用功探索，有时达到废寝忘食的地步。因此，你的绘画艺术也与日俱进。但我也看到一些画

陈佩秋《新安江水电站》

家，不谓不用功，但结果不尽如人意，这是什么道理？

陈佩秋：我仍坚持认为，一分功夫一分收获，没有高度的敬业精神，没有高难度的苦功投入，要想创作大手笔，是根本不可能的。试问，范宽的《溪山行旅图》、徐熙的《雪竹图》，仅“逸笔草草，一挥而就”，能草得出、挥得出来吗？郭熙在《林泉高致》中指出，绘画的创作必须以“用敬”的态度“注精以一之，神与俱成之，严重以肃之，恪勤以周之”，而不可“以轻心挑之，以慢心忽之”。一挥而就，画小品是可以的，画力作是不行的。当然，严肃认真的创作，也有可能沦于刻划僵板。但这是另一个问题，我们并不因噎而废食，丢弃严肃认真的创作态度，而是要想办法克服僵板的弊端。做任何事，要想做好它，敬业的精神是一个起码的条件。有敬业精神，还不一定做得好，更何况没有敬业的精神。

郑重：我看你许多写生的稿子，都很好。它们本身就是艺术品，也可供人欣赏，也可供学画的做个借鉴。我曾劝你出版，可是你不愿意，这是为什么？

陈佩秋：是的，我的写生稿子多极了，一本一本的，来不及统计。有的写生稿，我至今还没有来得及去画。你劝我出版，我也想过，曾经打算拿去出版。可看看现在画界这样的风气，便不想了。现在是抄袭成风，只要把这些稿件出版，就有人会走近路，走捷径，反而助某一些人的懒惰。而且这些素材对我还是有用处的，有时翻一翻，那些素材就提醒你，就会想到画什么东西了。我不打算出版，不是小气，而是不想鼓励懒人。写生要自己去亲临现场，要自己动手才能取得收获。

郑重：我看你的写生稿子，有的用双钩法，有的用泼墨写意法，哪种方法最能表现客观事物？

陈佩秋：既可以用双钩法描写物体，也可以用泼墨写意法描写物体，这才算得上是个掌握全面技法的国画工作者。能掌握较全面的技法，才能以各种不同形式和手法描写各种不同的对象。初学的初级阶段，是依样画葫芦，不怕雷同，但到了高级阶段，就是不依样画葫芦，最怕雷同，人有我有，这不算什么，人无我有，这才是最可贵的。要在绘画中有一席之位，靠的就是人无我有，这不仅是指笔法、墨法，更重要的是其总的风格。不过，如果形成的风格有特色，而笔法、墨法却不够好，虽然也称得上有一席之位，但总的说来，比起其他笔墨成就较高的，还是略逊一筹。你将来看得多了，加上自己具体的实践当中的体会，自然能慢慢明白。

写生当然是必须的好方法，没有参考（范图），不免多走弯路。当然，走弯路也不是坏事，它使体会更深。线的变化很多，铁线从头到尾一样粗细，硬硬的挺挺的；游丝，细细的带有飘动的感觉的线条；兰叶或者

黄筌《写生珍禽图》

柳叶描，就是像兰花的叶子和柳叶的叶子，开始时笔触重一些，收尾时笔触轻一些，就是以兰叶、柳叶的形象来表示线条的形状；或者更有抖动的笔势线条，也有人使用过。总之，不论用哪种线条来描写物体（对象）都可以，主要是你自己能够用自己熟练的笔法描写它，才能悠闲自如。

写生为陈佩秋绘画艺术之魂，附之于画体，难以舍弃。1986年，上海书画出版社为她出版了《怎样画兰》一书，共有图24幅，分兰与蕙，对兰蕙的形态及画法都一一做出说明，册前有题记：画兰，历代已有不少画家，如南宋赵孟坚、郑思肖，宋人团扇中无名氏，元代赵孟頫父子。至于明清，就更不乏人。名家众多，故而画兰的技法也随人而异，但大体上可以归纳为工整和写意的两类。这里所介绍的画兰方法，因为初学者对象和篇幅关系加之自己掌握的画兰方法有限，只能对两类风格的画兰方法，做简略和粗浅的试探。

在这我选录了她画兰的几则题跋，从中可以看出，她把写生与创作融为一体了：

陈佩秋《鹅》

题《兰花》："余二十写花，今五十一矣，每当秋春百卉著蕾之时，策健步于花房园林，手栽盆景，纵观其休歇成盛怒发之态，久之心有所得而遣诸于笔，于是花之舒侧偃仰纷靡婆娑之态，莫不挥洒自如，栩栩乎跃之缣素之上矣。"

题《木实写真图》："木实写真图，余早岁在龙华植物园所得稿，癸卯一九六三年，'文革'前作，其果实枝叶所用皴笔勾线已较五十年代有所进步，识者当以吾言不虚也。"

题《深谷幽兰》："画兰最早见于宋人纨扇，南宋赵子固擅于写兰并著有《画兰要诀》。元初赵孟頫父子及所南翁亦皆能画兰，而明清画兰专擅者尤不乏人，但风韵大都不及前人，盖以师法前人而不师造化。本世纪50年代每有春晴，卉花复苏，幽兰初吐，余必携砚往就，年复一年，画兰稍具面目，而所得画稿亦不计其数，积二十余年。偶作小品，壮暮翁为之题云：'缤缤浓绿凌寒，艳艳寸心渥丹。露噀风飘香远，何如深谷幽兰。'于是作深谷幽兰图如此。高花阁健碧记时庚辰（2000年）冬12月29日。"

陈佩秋《兰花写生稿》

陈佩秋《鱼》

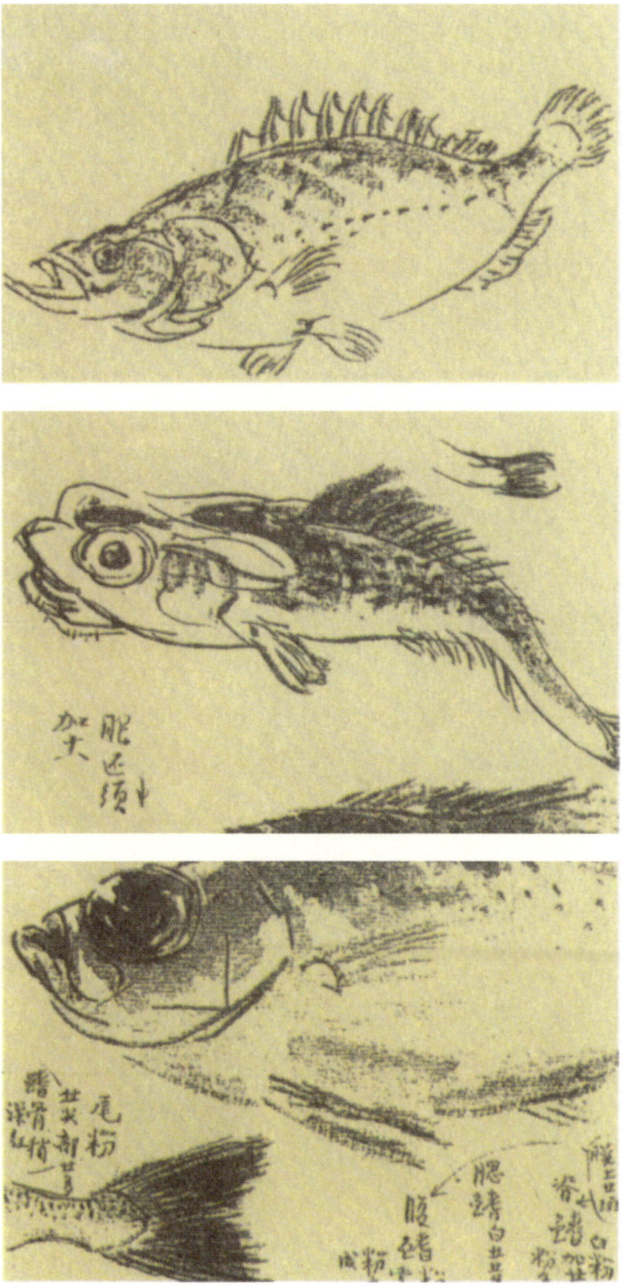

陈佩秋《鱼写生稿》

郑重：画花卉特别是画兰的用笔，我认为你是别具匠心，独树一帜的。请具体谈谈你对花卉或兰花的用笔。

陈佩秋：我画兰花都是以写生为基础的，画兰花又是以线条为基本构图因素。用流动如丝的线条来勾描物体，这一线形便称作“游丝描”。倘使勾描物体的线是刚劲的，并且均匀有力，于是便称这种线形为“铁线描”。总之，游丝和铁线，都是用来比喻笔势的形象，就是说，用笔得当，不但可以概括物体的状貌，还能表达物体的质感和精神。如前所说，依据客观物象规律来决定主观表现物体的用笔方法称为“笔法”。恰如其分地表现了物体的面貌，兼而表达了物体的质感和精神之好的用笔方法，称为“有笔法”。总之，“笔法”不仅包含物体的形，还应体现物体的神。

双钩画在宋代，多用于制过的绢。绢比纸的效果好，它的透明度高，墨色和颜色显得分外光洁鲜妍。近代则多采用熟纸，它特别薄，易于拷贝勾摹，纸店里称作“蝉衣笺”。这种熟纸，允许画笔有条不紊地慢慢勾描和敷色，墨和颜色都不致渗出界外。用浓淡不同的墨色，为的是要表现物体受光影响的程度，而产生各自不同的亮度。表现这些不同亮度的用墨方法，称作“墨法”。恰如其分地表现了物体亮度和质感之好的用墨方法，称之为“有墨法”。

对花写生，叫作直接生活。间接生活则是看图临摹，它的好处是省力便于初学。但若图本提供的画兰不符合客观物象的规律，那将贻误后学。所以说，要提高画兰质量，写生是不可缺少的。

当笔的含水量减少，撇出的一笔会使叶面留下无数的白点，或者当笔尖的含墨过浓，黏住笔锋，使纸面滞住笔毫而不能顺当地撇出，于是自然地不得不用力拖笔，这样在纸面上出现的笔触，也会带有白点。再或运笔过快，当纸还没来得及吸收应当吸收的这一笔墨量和水分时，而笔锋已经飞过，离开了纸面，这样也能产生带白点的笔触，于是专称这种笔触为“飞白”。

双钩的勾线颇为重要，线的效果是要求劲挺、匀称而有力。纸也和写意用的有些不同。如果技法熟练，在生纸上也能画出挺拔均匀的线。但一般初学者还是用熟纸稳妥些。生纸刷上一层稀薄的胶矾，或者淀粉质豆汁一类的淡黏液，将生纸毛孔塞住，便不再吸水化开，成为“熟纸”。如在市上买不到熟纸，可用此法自制。

用极淡的线，勾好轮廓，然后敷以颜色，使线条淹没在颜色之中，看不出线的痕迹，而完全依靠不同深浅的色块、色面来区分轮廓。这种画法，不论它是用彩色、彩墨或是纯墨来画，都称之为“没骨法”。没

陈佩秋《暮春》

陈佩秋《青蛙写生稿》《鸡写生稿》

骨法看不到勾线，和写意画的不依靠勾线这一点来说，它们是共同的。但从没骨法的风格形体来说，它却和双勾画密切，同属工整体貌的范畴，后人则把双钩和没骨统称“工笔画”。

郑重：你也是画花卉的全能画家，既然谈了如何画兰，是否也可以谈谈梅花、竹子及其他花卉的画法？

陈佩秋：这都是专题的话题，可谈的很多，只能就我自己画花卉的经验，随便谈谈。

怎样画梅花

画梅花，我一般是用狼毫，其他的笔有时也可以画。

在两宋的时候，画梅花是用两根线条，叫作双钩。勾的时候所用的工具是不同的，所以也就不大好勾。画线条，工具是很重要的。像这样的细笔，很不好勾线条，因为线条勾粗一点就需要按下去。比如说画梅花的树干。梅花的树干，有时候是直的线条，有时候是横的线条，就复杂得多了。

现在出去写生的话，因为我用大笔勾，应该是用竖的纸，或者是卷，宋代的时候用的就是卷。梅花瓣换一个细一点的笔。现在有的时候花瓣不是这样的，有的时候花瓣当中是一个坡，是用这个东西包住的。边上不是很整齐，真正的梅花就是这样的，它的每一个瓣下面是尖的，上面有一个圆形的花瓣。梅花的花瓣正面是圆圆的，是一个小尖瓣，侧过去的时候就是椭圆形的。画桃花是尖一点，梅花则是半圆一点。梅花看上去是有正面反面，正面一定要留出来。我几十年都是这样画花瓣的。如果没有写过生，要画好梅花很不容易，所以一定要进行写生。

20世纪50年代没有照相的时候，我们都是自己实地看的。现在可以看照片，可以买一本梅花画册，正面反面，多的少的都有，这个比你的老师都要好。

写生竹子

写生竹子时要注意，竹子是一个节上去两个小枝，这边一瓣那边一瓣，多的在一起就是很多瓣。这些都是死的，你看多了就在脑子里面。竹叶集中在一块的时候，叶子几乎分不出来。因为竹林里面，很多竹子在一起，眼睛看上去，竹子和竹子之间是模糊的，可是到了最边上，背景是天，是空当的地方，每一笔都看得清清楚楚，所以画时集中的地方模糊，边上的要清楚，一个个的。本着这样的概念画，就不会画错。我们的笔是很灵活的，用的时候，笔要很大，笔要好一些，用侧锋一笔一笔下去，熟练了再撇。到了外面就必须要散开，集中的时候要密集，一块块的。拿掉颜色就是一张水墨画，加上去就是一幅有颜色的画。画到亮度高的时候，可以用水粉或者是丙烯，盖在墨上，可以挤上一点墨，这个淡色上去就没那么漂亮了。所以这个亮的地方，画的时候留出来，最淡的就是底子。

怎样画树

我画树的方法是学习南宋人的，可以一笔下去，再加另外一棵。

不管是画松树还是画其他什么树都要像它的样子。画到后来，只是有树的形态，很多的杂树，不是像松树那样，一定要画松针。松树干上面有很多的圆皮，画的过程中是不能忽略的。到后来画到熟能生巧的时候，喜欢画什么树、用什么颜色好看、用什么手法画在你的画中是美观的，都可以应时而变，就不用像初学时亦步亦趋了。

画静态的树，它的叶子可以用点法，可以不用线条。学的技法多，在画面上的运用就可以多种多样，如果你只会画一两种的画方法，能表现的东西就少。一个树要点很多，这边必须要点过来，笔应该是尖一点的。

当然绘画中下笔轻重也是有讲究的，南宋人便是如此，十分仔细。如果这棵树要满满的，那一边的叶子要统统的过来，小点子全部都要勾，这样全勾就很费时了。

再如画小树，画树干，一般是两笔，也可以是一笔。画了树干，再画线条，那就应该是细的。外形一定要散开的，当中可以密。这样树才有层次，高矮的层次也是这样处理的。上赭色的时候，树干当中的地方要加赭色。

画山上的树，要随山势而画。山水里面有时候画到某一个有房子、有住处的地方，加两棵树或花上去是很好的，但不能草草几笔带过，那样无法显现出好的效果，有时反而成为败笔。

画的笔小一点没有关系，但渲染的笔有时候是需要很大的。渲染的时候，你要有留亮的地方。好的地方，笔势是全可以看到的。

怎样画山茶

我是每一种花都可以画得很好，我能画许多种不同的花是因为见得比较多，逐渐知道了各种花的构造，自然而然会画的花也就多了。比如我就知道山茶最长的芯子是像一根管子一样的，下面是很多小的蕊。雄蕊还是雌蕊就是要看这个最长的蕊，果子是在当中的。管子是在当中正面对着你的。画山茶就要到大自然中去，注意这些细微之处，时间长了也就会画了，否则不容易画得像。

怎样画水仙

宋人画的水仙花的线条是非常好的，可以去看宋人画的团扇，其中的线条都是很挺拔的。

元朝有个钱舜举，也是个有名的画家。我画水仙是临钱舜举。钱舜举画的线条很细，我有时比他还要细。我的线条已经很挺，钱舜举的线条画得很慢。宋人的线条就是这样，挺得很。

大笔头的水仙花叶子的线条画的时候要一根拉到底，要屏住气息。勾的时候一讲话线条就不挺了。同时正反面浓淡还要分出来，交界的地方也是这样的。

水仙的根部有几个多层白色鳞片。花饱满的时候就是花瓣多。因为我写过生，所以晓得大概是这样。我勾的稿子很准，以前我刚刚写生的时候，水仙花画了很多。现在我可以照着那个速写本画。后来我就用毛笔勾的图，但如果工具不熟悉就画不好。

勾用淡的浓的都可以。速写稿勾好了，叶子的形态都有了，然后回来再放大。

写生海棠

我们过去一直以为海棠是春天开的，秋天海棠花开了简直就是妖孽。其实不然，春天的海棠很嫩的，海棠花有好多花芽春天来不及开的时候就到秋天再开。可是秋天开的跟春天开的就不一样，春天的是密密麻麻的，而秋天时的海棠叶子都老了、凋零了、发黄了。我们看见旧画里面的沈周也画过桃花，他说9月桃花开。桃花都是春天开，怎么会9月开？这个疑问直到我去写生了才明白这个道理。如果不写生，这个常识就不会知道。

郑重：现在，全能画家很吸引人，作为追求的目标。你对一个初学画的人有什么建议？

陈佩秋：我不反对当一个全能画家，但具体作画时还要从某一具体事物入手。当一两种画得熟练了，画其他的，便易入手。笔的锻炼，任何题材都离不开它。功夫是不会白费的。尽管是画兰的叶子，但萱花叶子等这类的植物都大同小异。兰花画熟练了，其他便也不愁；竹叶画好了，柳叶、桉树叶这类的木本同形状的树叶也都不在话下。前人常用梅

陈佩秋《仙人球写生稿》

兰竹菊来做基本功夫，是有一些道理的。用不着性急，一步步扩大范围，老树桩、树干，没有叶子的秋冬木本植物都可以写。还有各种鸟，自然博物馆内的鸟儿标本，或是民间、农家饲养的鸡鸭等，都可入画。过去我常买小动物来放在桌上观察写生（用一根粗线缚住青蛙的一双后腿，慢慢勾写它的各种姿态。蝴蝶及各种小虫，用只玻璃盆——四块玻璃，两块纸板，一块纸板开扇活动小门，用胶布彼此连接），如此可画成无数动态的创作素材，光是几只蝴蝶也能画成一个完整的手卷。我目前的有些作品，都是过去积累的此种素材画成的。蔬菜、果品样样都可以画，绘画题材拓阔后，花一生精力还不够。思想的视野放大了，只觉时间的不济了。

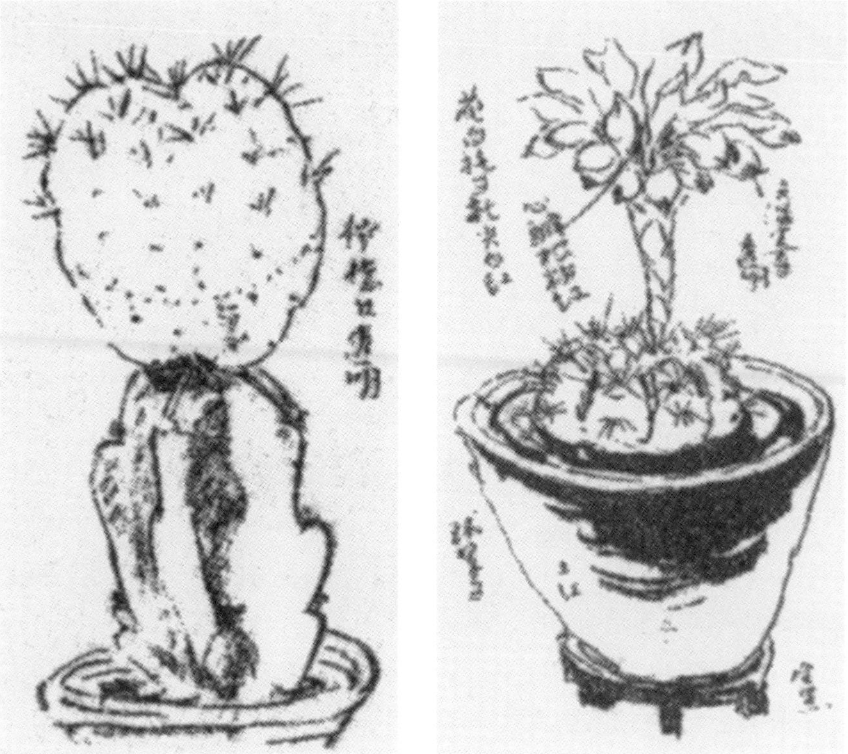

陈佩秋《仙人球写生稿》

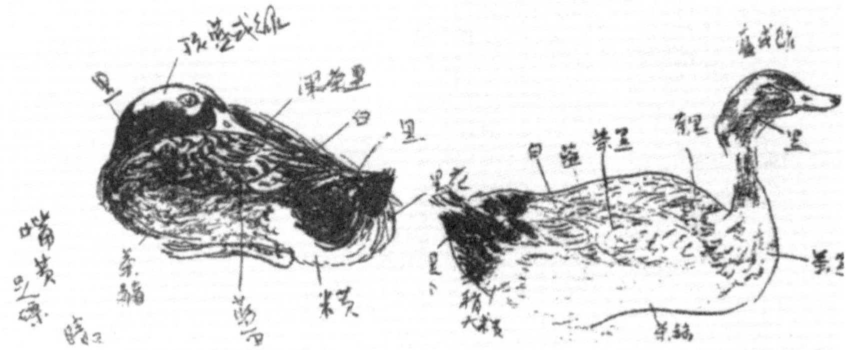

陈佩秋《鸭写生稿》《佛手、茄子写生稿》

郑重：你的那幅写王维“山间一夜雨，树杪百重泉”诗意的山水，给我留下深刻的印象，尺幅不大，画得似乎让人听到了雨声和泉声。绿色之中有墨色，泉水画得特别好。

陈佩秋：这幅诗意图我画过两张，如何处理明暗，我是费了一番心思的。“山间一夜雨”，首先是“夜雨”，如果画得太清楚，太明白，那就不是“夜雨”了，要画得烟雨朦胧，但又不能画得一塌糊涂。我主要画的是夜间，天欲明未明，那一道道泉水，要画出许多水来。光有水还不行，还要画出许多石头来，又要让人感到石头是很多的，画到下面石头看不见了，模糊了，我又画了小房子。如果把小房子画的太明显，那又是白天了，哪里还有夜雨的气氛呢。将明未明，似见非见，最会产生艺术效果，追求艺术性的就是这个地方。太清楚了艺术效果差，太黑嘛艺术效果也差，最好的艺术效果就是恰到好处。特别是山水，用墨用水，抓住那一刹那间的效果，来争取艺术上的表现力度。

再说我画黄龙九寨沟，也为了抓住刹那间的艺术效果。过去不懂，以为画黄的就全部用黄色。其实全用黄色就不黄了。到了黄龙一看，全是黄的。全部是黄的怎么画呢？老远的地方有一座桥，那桥是用木头搭的，桥几乎被一棵大树遮没了，但那棵树下有一点白颜色和一点红颜色。啊，我的眼睛一下子亮了起来。原来是一对青年男女，男青年把红毛衣系在肚子上，女孩子腰里系了一件白毛衣。那颜色真出跳，我走来就看见那个红颜色，太显眼了。我就把这个颜色移到山水画上来，在黄色、绿色中掺一点红色，这样看上去就非常醒目了，印象特别深。

郑重：人们常说的艺术创作的灵感是否就是这种东西？

陈佩秋：我想应该是的吧。灵感不是空穴来风，美，还得有点现实的感受与启发吧。

篇之陆

堂名斋号寄我心
性情好尚入图中

一个画家所用的名、字、号、斋、堂等，常有多种，而且变化多端。每一变化都会有新的内涵寓意，或体现画家的内在精神，或昭示画家画风的转变，这在画史上已司空见惯。至于陈佩秋，她通常在画上题署健碧，其他的画名则未见，而画室则取用高花阁、秋兰室、截玉轩、忆谢堂，闲章用得最多的为“乂之”和“长年”。佩秋二字典出《楚辞》，“涉江离与辟芷兮，纫秋兰以为佩”，秋兰室亦或许出之此。有人说她爱画兰花，故以为此名，我看也可解释为她是在追求一种芳泽而幽雅的美。对于健碧二字有人以“寒山一带伤心碧”来解，这个诠释是她的本意吗?

陈佩秋：宋代诗人杨万里有一首诗“健碧缤缤叶，斑红浅浅芳，幽香岂自秘，风肯秘幽香”？缤缤是兰叶缤纷、参差婆娑的动态美；斑红就是兰花嘛，兰花想藏起浅浅的芬芳而自赏吗？那办不到，风是不肯的，风一起，幽香还是要散出去的。杨万里的这首诗是很有意思的。健碧就是指兰花的叶子碧绿而健挺，生长得很茁壮。俗语说，好花还要绿叶来扶衬。我做一片绿色的叶子，来帮衬人家花的，所以我就用“健碧”。这是在“文革”的后期，我还在受思想改造。那时在画院里，总是要当叶子，叶子也不错嘛，像兰花的叶子，可以很挺呀，表现出强健来。用健碧这个名字还有另一层含义，即从我专心画兰花时，就开始用这个名字，可以说是自己的心态和画风的结合吧。在此之前，我也画兰花，可是就没有想到要起个笔名。“文革”以后，为了要区别于“文革”以前，佩秋两个字就不在画上用了，只用健碧，也可以说是一个时代划分的标志吧。

郑重：那个“高花阁”斋名呢？

陈佩秋：高花阁来自于李商隐的诗，也有一层意思。李商隐写了许多高花的诗，有一首诗的题目就是《高花》：“花将人共笑，篱外露繁枝，宋玉临江宅，墙低不碍窥。”李在其他诗中也有好几处出现了高花。高花是什么呢？我从写生中得知，一般花枝大都从下向上开放，其最下的蓓蕾是最先开的。兰花花枝的开放也如此，下面的先开，顶上最高的花蕾是最后开的。所以我用这个高花就是取后开、晚开的意思。一个人做学问也好，学本事也好，要慢慢地来，不能急于求成。早开的花是下面的，晚开的花是上面的，高花是上面的花，不是高明的高，也不是高高在上的高，而是晚开的花，就是这个意思。这里的高花和健碧有着同样的意义。

郑重：你的“截玉轩”该是另有一番意思了吧？

陈佩秋：你是知道的，这是李贺的诗。

郑重：对，是《春坊正字剑子歌》中的句子。

陈佩秋：诗的一开头就是“先辈匣中三尺水”，是说前辈已经是剑客，匣中装的是三尺宝剑，“三尺水”就是指剑，“练带平铺吹不起”，铮亮的宝剑像练带一样平铺在那里，风也吹不动，说明它的重量。“神光欲截蓝田玉”是写剑身闪现的光芒连坚硬无比的玉都能截得动，所以我把画室叫截玉轩。你看我这个意思好不好？我是有意这样起的。谢先生的画室“迟燕榭”“苦篁斋”“鱼饮溪堂”都是很雅致的风花雪月，我的这个是要硬碰硬的。画画就像剑截玉，要硬碰硬的下苦功。我用“神光欲截蓝田玉”，就是这个意思。

陈佩秋与谢稚柳

郑重：我知道，你在谢先生面前是从来不服输、不示弱的。这就涉及你的“忆谢堂”这个斋号。别人都以为谢先生生前总出门在外，你是在小别中表现出对谢先生的一种思念。我在《谢稚柳传》中提到这件事，不大同意别人的解释，但我又没有做解释，只是打了一个问号，我想你所忆的该是另一回事情吧？

陈佩秋：你对我和谢先生之间的许多事情的解释，都持以慎重的态度。“忆谢堂”典出李白的《夜泊牛渚怀古》一诗，全诗为：“牛渚西江夜，青天无片云。登舟望秋月，空忆谢将军。余亦能高咏，斯人不可闻。明朝挂帆席，枫叶落纷纷。”李白夜泊牛渚时怀念起谢尚与袁宏的故事。袁宏是位很有才气的诗人，曾写下了咏史诗，是他的风情所寄。舟泊牛渚月夜吟咏，为谢尚听到，大为赏识。谢尚就把袁宏带到京城，自此袁宏的诗名声誉日起，为世人所知。李白在这首诗里写的是没有知音，没有人能理解他，只好空忆谢将军，明天挂帆而去了。

陈佩秋与程十发、刘旦宅合影

郑重：李白这首诗的意思在《劳劳亭歌》一诗里也有表现，其中写道“昔闻牛渚吟五章，今来何谢袁家郎”？在诗中表现了苦竹声寒，空怀归梦的孤独感。

陈佩秋：是啊，李白自己认为“余亦能高咏”，并不减当年的袁宏，但恨无知音之人如谢尚，能与之对话交流。我的斋名叫“忆谢堂”，也就是李白夜泊牛渚那首诗中的意思。你知道，画画创作之路往往是孤独的，不被别人理解，如李白那样，深感知音太少，所以才起“忆谢堂”。别人把它解释成是对谢先生的思念，那就面目全非。别人一定要误认“忆谢堂”是与谢先生有关，我在画上也就少用了。

陈佩秋山水作连绵不尽的丘陵，山坡作大幅度的倾斜，相互交叠，山势蜿蜒起伏所带来的动感及强调山石的实质所带来的稳定感，相互映衬。她早年虽是从云南、四川的大山中走出来，中年登黄山，晚年又攀登华山，但她笔下的山水没有崇山峻岭的险势。她为花鸟营造的也是一种平和的气氛。她虽是画兰的高手，但很少画深谷幽兰，而多作折枝兰花，最多有几块湿润的石头相伴。她画的鸟的周围总是重笔挥洒，营造出一种浓重的气氛，树丛中一个光环，鸟就躲在那光环中，似乎在追求一种沉静的安全感。她很少画那种高枝啁啾的鸟，这是否有一种不愿做被枪打的“出头鸟”的心态呢。

陈佩秋：人生的好尚，常常能在他的艺术创作中表现出来。我欢喜平淡天真，不欢喜历险，所以我画的山水多是平平的山头，在我的山水中也不表现那种险势，不要张力，不要把画绷得很急，要画得轻松优雅，这是我在山水中所追求的一种格调。四川和云南的山都很高很险，九寨沟的山水也多险势，但我在画中舍去了峻和险，求得宽松与平和。美国也有那种大山，他们叫锯齿，就像锯子的齿状，中国的黄山就属于这个类型，优胜美地的山水就像黄山的山水。谢先生画了优胜美地山水。我没有画中国的黄山，也没有画美国的优胜美地。在美国从拉斯维加斯的内华达州到大峡谷的亚利桑纳州，那种沙漠中圆圆的山头，黄颜色的，长满骆驼草，连绵起伏，就如同中国北方黄土高原上的那种土山，江南也多有这种山。不过北方的土山都是光秃秃的，南方的山长满了杂树和竹子，郁郁葱葱，但山势都是平缓的。在画的时候，我不采取垂直的线条和面来表现它的险峻，而是用长长的横线，大笔横扫过去，勾画出山的轮廓，表现它那广阔无垠的气势，并且采用绿色覆盖，林木画得多一些，把山画得很温和。

1989年陈佩秋与俞振飞等合影

陈佩秋《秋趣》

陈佩秋《唐人诗意》

陈佩秋《山居图》

郑重：陆俨少先生是外在温和而内在倔强，所以表现在他的画也是奇险而倔强。

陈佩秋：陆先生有一部画册，都是用奇笔险势，他画的四川栈道，也是以奇险取胜。这些奇笔险势形成了他独特的前无古人的艺术表现形式，恰好和他的内在性格是一致的。他的性格很倔强，别扭起来有一股牛劲，画也剑拔弩张，有一种锋芒。正因为他的性格倔强，所以他一生坎坷。我们在“文革”中虽然也有坎坷，但没有陆先生吃的苦头多。和陆先生相反的是吴湖帆先生，他一生悠闲自在，生活优越，性格也豁达温和，所以他的画也是委婉温润的。

郑重：你是南宋的派头，以平缓而出奇。

陈佩秋：是的。我学到南宋的以后，就认为南宋的画是很好的，因为它整个的构图笔法，走的是一条新路子，跟北宋是不相同的，也很了不起，而且他们的笔法也很难。明初的院体派很多是学南宋的，但没有学好。问题就是出在缺少生活。20世纪70年代，尼克松要到中国来，需要画大量的布置画，画家都下去体验生活，我去了富春江，在那里过了三个星期。在富春江体验生活的感受，在前面已经谈过了。

陈佩秋《林深归鸿》

郑重：谢先生搞北宋，你搞南宋，可谓“君向潇湘我向秦”，各走各的路。

陈佩秋：是啊。以前谢先生对南宋画也是站在董其昌的立场上，他学北宋，不学南宋。他学董源、巨然、李成，不过李成的画看不到，他就学郭熙、学巨然。董源的画已经打了问号，不去说它了。反正郭熙是靠得住的，他学郭熙。早期，他对南宋画是有偏见的，后来他搞鉴定，看的东西多了，对南宋也不反对。再后来，他自己的画里也出现过南宋皴法，还有郭熙、巨然的长线，即片和线相结合的那种方法，又是面，又是拉线。南宋人作画是一根山石的轮廓线拉过去，其他如石头，水也是这么拉过去，正好连着用侧锋笔法把浓墨匀开，南宋人这个笔法是很绝妙的。明初的戴进也好，李在、吴伟也好，他们用的都是南宋山水的皴法。唐寅和仇十洲用的也是南宋、北宋相结合的方法。

郑重：我看明代画家也有用长线、短线和点子的。

陈佩秋：明人的点和线与宋人的是不同的。你看范宽的《溪山行旅图》上的点子多变，那点子长短形状各异，不是一个圆点。明代画家都画一个圆点，点子的形体变化也越来越少、越来越简单了，那是因为画家越来越偷懒了。脑中对客观的东西没有把握，只是因袭前人的几个形体、前人的那张脸，他们记住的就是前人那张脸，没有自己的东西。所谓技法就是如何用画家手中的那支笔来产生形体，那形体要有高难度，用笔要有很多的变化，这样一幅画才耐看。如果没有深度，没有厚度，仅仅是一览无余的话，第二次再看，噢！还是那个东西，实在没有看头了。你若看了一遍，还要看第二遍、第三遍，发现里面还有东西，那就耐看了。既有自己的面目，东西又耐看，深度和厚度就有了。光有自己的面目，不耐看也还是站不住脚的。

陈佩秋《杨柳白鹭》

陈佩秋《水库写生稿》

郑重： 多数画家认为学前人，就是学前人的笔墨。

陈佩秋： 中国画到了元代，除赵孟頫之外，其他画家多在笔墨中绕圈子了。从他们的画上可以看出，他们渐渐地缺少生活体验，虽然他们的笔墨尚在高峰时期。到了明清，就只在前人的笔墨里面翻跟斗，翻来翻去，跳不出前人的掌心，甚至是元人的掌心。前人写一个山，他们也写一个山，前人圈一个山头，他们也画一圈表示一个山头，但前人的山头中有许多东西，他们却没有认识，没有看过石头的变化，交代不清楚。世界上石头的纹理是很多的，是你想象不尽的，他们没有看到这些变化，来龙去脉交代不清楚，所以只能用游戏笔墨来搪塞了。

陈佩秋《竹蝶》

陈佩秋《秋涧》

1960年，陈佩秋与吴青霞、周炼霞、庞左玉、侯碧漪等女画家

郑重：但是吴湖帆足不出门，从来没有饱览山水风光。他的画也画得很好啊。

陈佩秋：吴湖帆画的许多长处，多是从旧画中来。他收藏甚富，从小就能看到许多古画，做了许多借鉴，但一看他的画就知是没有生活的。尽管他画得温润，讨许多人的欢喜，但他的艺术和陆俨少先生是不同的，在创造的风貌上不如陆先生的明显奇崛，艺术气质也有较大的差别。当然，吴先生也自有他的妙处，有许多地方是别人无法达到的。还有一个郑午昌，是专业画家，一直不停地画，他的作品，我个人认为比吴湖帆要好。

郑重：画院的女画家还有不少。在张开勋家里我认识周炼霞，还有陈小翠还是陆小曼，我记不清了，唐云先生曾派我给她们送过钱。那时她们的生活都很困难，现在连她们的画都看不到了。

陈佩秋：陈小翠不错，诗也写得好，和我常来往。还有周炼霞，诗也写得好，和我也谈得来。陆小曼当时也在画院，画院领导曾经叫我访问过她几次。她们都是淑女型的人物，诗比画出名。她们都有各自教画的老师，像侯碧漪的老师就是张大千。她们周围的朋友也都是书画家，生活在这样的圈子里，都能画一些。但不能以科班出身要求她们，就像京剧票友，毕竟不是出身在梨园，学几句人家的唱腔，有时听听还是有些味道的，这已经很不容易了。我们美术学院出来这么多学生，能够在社会上有一席之地的又有几个？画院女画家中，吴青霞还专业些，她从小就画画，有造型基础，名气也不小，在社会上也有地位。

郑重：我们的话题再回到你的身上来。你的山水不尚奇峰险岭，你的花鸟不作高枝啁啾，你的花卉不求一枝独秀，这和你的名字堂斋所蕴藏的内涵是否相一致的？

陈佩秋：是的。我就是我，就是我的艺术或者说这就是我的人生观和艺术观吧。我想应该是这样的。

这是艺术家的自信。我欣赏有自信的艺术家。

篇之柒

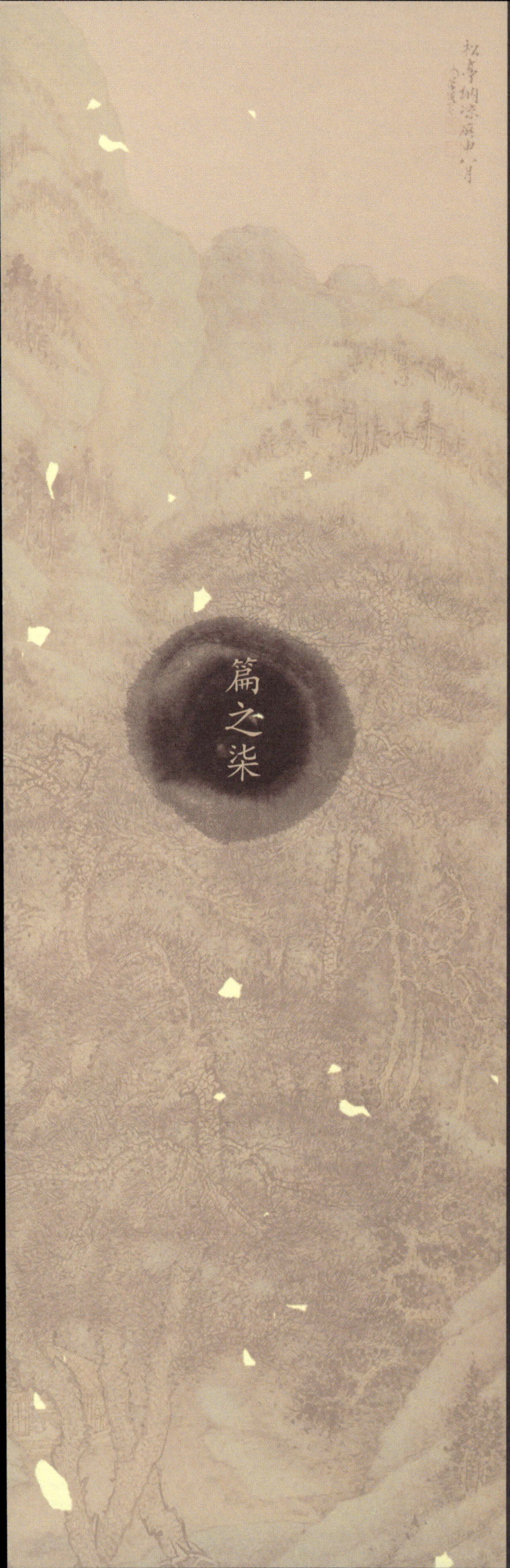

溪岸真伪抒己见
董源三图觅疑踪

关于董源的《溪岸图》真伪之争，笔者曾于2000年3月10日在《文汇报》上发表过访问陈佩秋的文章。为了说明事情的来龙去脉，现在将该文录之于后：

朋友从纽约来信说，不久前美国纽约大都会博物馆，为鉴定董源《溪岸图》的真伪举行了一次学术讨论会。他们也邀请了几位中国鉴定家参加。

《溪岸图》原为定居美国的王季迁先生收藏。几年前，王先生将这件珍宝捐献给大都会博物馆，经过对中国画颇有研究的美国人高居翰鉴定，认为是清代赝品，而当他了解这幅画流传的经过后，又认为是张大千、徐悲鸿、谢稚柳三人串通所作。正因为如此，才有这样一次学术讨论会。到会的中国鉴定家发表了什么意见，信中不甚了然。

《溪岸图》的作者董源是五代时期的南唐人，他存世的作品除了这幅《溪岸图》，还有《潇湘图》（藏北京故宫博物院）、《夏山图》（藏上海博物馆）、《夏景山口待渡图》（藏辽宁博物馆）、《龙宿郊民图》（藏台北故宫博物院），这五图中唯《溪岸图》左下边有一行题款："后苑副使臣董源画"，并有元代"天水赵氏"印及"柯九思"印，虽然发现最晚。但从绘画史而言，是一个重要的发现。

还是在70年代，谢稚柳先生曾向笔者谈过《溪岸图》发现的经过。抗战期间，张大千、徐悲鸿、谢稚柳都客居重庆，徐悲鸿在广西或贵州买到《溪岸图》携至重庆，张大千看了心有所动，就请谢稚柳向徐悲鸿说，他想要这张画，在其收藏中，只要徐悲鸿喜欢的，要什么都给。谢稚柳知道，徐悲鸿早已看中张大千收藏的金冬心画的《风雨归舟》，经谢稚柳一说，两；两厢情愿，一拍即合。以金冬心的画换董源的画，两者悬殊太大，张大千有些过意不去，主动请徐悲鸿再挑几张，但徐悲鸿毕竟有君子之风，事先有约，只要《风雨归舟》。后来，张大千发现徐悲鸿的《八十七神仙卷》，又要谢稚柳从中"作媒"，要和徐悲鸿调换，谢稚柳说："这张画是悲鸿的性命，那样做岂非要了他的命！"就没去说情。从此张大千带着《溪岸图》浪迹天涯，直至定居台湾多年后，才将这张画转让给王季迁。

董源，字叔达，钟陵人。南唐中主李璟时为后苑副使，为江南画派的始祖。宋代米芾对他的画有着很高的评价："平淡天真多，唐无此品，在毕宏上。近世神

董源《溪岸图》

品，格高无与比也。峰峦出没，云雾显晦，不装巧趣，平淡天真，岚色郁苍，枝干劲挺，咸有生意，溪桥渔浦，州渚掩映，一片江南也。”80年代初，谢稚柳编《董源、巨然合集》，仍把本文中列举的五图作为董源的真笔，并对《溪岸图》独有评价：“高山峻岭，云雾显晦，水波风动，劲挺的丛树俱带风势。墨润笔精，气象温穆，水阁中的人物，与卫贤《高士图》骨体相近。”而且他认为此图与其他四图“判然异貌”，并把这种现象归结为画家不同时期的作品。

在编《董源、巨然合集》之前，谢稚柳有香港之行，归来后告诉笔者，张大千曾托王南屏带信给他：你告诉稚柳，叫他不要再搞董源的《夏山图》《潇湘图》和《夏景山口待渡图》了，是不是董源真笔，还得研究。谢稚柳讲完此事，说：“唉，张大千老了，糊涂了，钻牛角尖！”张大千的话对谢稚柳并没有产生影响，仍然把这几幅图列为董源的真迹。这是因为他从40年代后期就热衷于江南画派的研究，就凭张大千这几句话动摇不了他的见解。后来，谢稚柳去了国外一些大博物馆鉴定中国古代书画，又去台湾看了台北故宫的藏画，回来后又对笔者说：除《溪岸图》，对董源的其他几幅作品，有了新的想法。是怎样的想法，他没有明说。看

董源《夏山图》（局部）

来，经过几十年的研究，他对董源的作品还是处于不断认识的过程中。

近日，拜访陈佩秋先生，我和她谈起讨论《溪岸图》真伪的事。她说她也接到大都会博物馆的邀请，因搬家未能前往。如果去了，她会争论的。她说：“我不是搞鉴定的，但我作为一个画家曾临摹过董源同时代人的作品，按照我的理解，他们作品的时代性是一致的。”所谓时代性就是指某一时代的风尚，大家都采用同一种画法。佩秋先生所说的与董源同时代的画家有卫贤和赵幹。她把董源的《溪岸图》和卫贤的《高士图》、赵幹的《江行初雪图》三图做一比较，从山、水、树、屋、人、芦草等各个方面的画法做了论定。佩秋先生认为：“《溪岸图》《高士图》及《江行初雪图》山的轮廓线厚重而有顿挫，水曲折而有波澜，枝干曲曲弯弯而有夹叶，屋拙朴，人物形象生动，都画得非常繁复，五代的画家都注重写生，画得符合自然规律而生动。这种画风延续到北宋的范宽、郭熙、燕文贵，到元就面貌迥异，以后就变得简单草率疲软了。”

至于《溪岸图》是不是清代画家或张大千造的伪画，陈佩秋认为：“只有外行人才会这样说，懂行的人不会这样认为的。造假画也得有水平，清代没有人能画出这样的线条，张大千的水平只能造石涛、石溪、八大、陈老莲和少数不成熟的宋人假画，也不可能画出这样好的五代北宋人水平。徐悲鸿是搞西画的，谢稚柳一生不作假画，三人的画路不同，如何能串通作假画呢？”

当今的画坛造假画是一股风，而为古画鉴定“翻案”也是一股风，把前人的真迹说成假的，也有把后人造假说成真的，而且形成一种误区，“看假”的要比“持真”的水平高。其实，把真的看成假的容易，而要把淹没在赝品中的真迹发掘出来，那可真要有些眼光和学养了。

由于报纸的篇幅有限，当时未能把对《溪岸图》讨论的背景及陈佩秋的见解详细公诸报端。现在把对此图讨论的背景及对陈佩秋的采访录音整理成文，补充于后：

1999年12月，美国大都会博物馆为了鉴定董源《溪岸图》的真伪，举行了世界范围的研讨会，在会上，高居翰的《对〈溪岸图〉的十四点质疑》，李雪漫的《〈溪岸图〉悠久传统的全新努力》和古原宏坤的《〈溪岸图〉全新历史》，都认为《溪岸图》不仅不是11世纪的作品，而且属于当代张大千的伪作。其中以高居翰

董源《潇湘图》（局部）

的十四点质疑最具有代表性，要点如下：

一、他列举了董源的《夏山欲雨图》（台北故宫博物院藏）、《山水图》（美国华盛顿弗利尔博物馆藏）、巨然的《萧翼赚兰亭图》（台北故宫博物院藏）、《茂林叠嶂图》（上海刘海粟美术馆藏）、卫贤的《高士图》（北京故宫博物院藏）、刘道士的《湖山清晓图》（美国王季迁藏）等属于五代至北宋的作品，与《溪岸图》进行比较，认为：《溪岸图》布景不清，尤其是远处流水、云雾、道路交代不清；《溪岸图》的山势有强烈的动感，尤其是中景，这是早期画中未曾出现要到晚明董其昌的作品中才出现；《溪岸图》的笔墨草率、粗糙，皴法模糊不清，而卫贤的《高仕图》用笔、皴法却很清晰；《溪岸图》光的表现复杂，细致，黑白对比强烈，而早期的画是无光亮感的；《溪岸图》以士人隐居为主题，而早期画是以表现山水为主，并非士人生活，也少叙事性风格。

二、他将张大千的仿古作品和伪造古人作品相比较，诸如《仿董源华阳仙馆图》《仿董源山寺浮云图》《巨然万壑松风图》《仿巨然溪山兰茂图》《仿关仝崖曲醉吟图》及伪造《唐人太上渡关图》、自作《味江园图》，认为《溪岸图》远景的流水、道路不清，类似张大千仿古作品中的山水变路；水流消失呈V字形，山顶突然消失等形态也是张氏习惯；光的黑白过渡突然与张氏伪作《唐人太上渡关图》的手法相近。

讨论会上，还有方闻的《从艺术史鉴赏看〈溪岸图〉》、何慕文的《科学分析比较〈溪岸图〉和张大千的伪作》、石守谦的《〈溪岸图〉的地位》、班宗华的《展开讨论》等论文，对《溪岸图》是董源的作品做了肯定。

方闻认为：从笔墨技法看，《溪岸图》无明显皴法，用笔较含混，多渲染，虽然与传世的董源《寒林重汀图》（日本藏）不同，却与同时代的其他作品，如五代卫贤的《高士图》（北京故宫博物院藏）、北宋黄居寀的《山鹧棘雀图》（台北故宫博物院藏）、辽代的《深山会棋图》（辽宁博物馆藏），均无明显皴法，而含混用笔和模糊景致相一致，正是董源画风特点。

何慕文用现代科技，找出了区别古今、古伪的硬证据，他用X光射线把《溪岸

陈佩秋与杨仁恺、郑乃珖

图》与张大千仿作的绢地、落款、钤印，放大展出了绢的编织结构，修补层次和印章字形，并列对照，两者显然不一致，尤其显示了《溪岸图》完好表层下千孔百疮的原貌，表明了前后修补过四次，历史沧桑留下的痕迹，是仿古画者绝对仿不出的，仅此即证明《溪岸图》是一幅古画。

在以高居翰为首的否定派和以方闻为代表的肯定派的对峙中，陈佩秋是坚定的肯定派。现把笔者对她的访谈补充于后。

郑重：你已谈了《溪岸图》自身的个性及时代性证明《溪岸图》是五代董源的真迹，旁证材料有何发现？

陈佩秋：今天尚未有其他画发现之前，我认为《溪岸图》是董源的唯一真迹。我在美国时，在王季迁先生家认真看过原作，从它的构图及用笔来看，非五代人手笔莫属。从它的款识来看，绝非后添，字体扎实厚重，其墨色与画的墨色一致，并渗入绢底。

《溪岸图》左下那行楷书款题“后苑副使臣董源

画”，墨色沉重，气息深厚，与画中山水笔墨的墨气相同。而且该画由宋至明流传有绪，画上有南宋权相贾似道的“悦生”葫芦印和“秋壑”印，元代赵孟頫“天水郡收藏书画印记”朱文印，有元代柯九思的“丹邱柯九思章”“柯氏严仲”“柯氏清玩”三印，至明代初入洪武内府，又押有“司印”半印。宋元古印共七方，而且还有不可辨认的更早的古印。

再者，在大都会博物馆举办的讨论会上，与高居翰的“十四点”质疑针锋相对的何慕文做了《〈溪岸图〉与张大千仿作的分析比较》的演讲。他以张大千仿巨然的《茂林叠嶂图》为例，将其画中山水轮廓、渲染、落款、用印、收藏印记并绢底的纺织年代、染色及人为的撕裂、破断作旧的种种现象，与《溪岸图》的明显不同处一一做了对比分析，并展示了《溪岸图》底层斑驳破损、先后修补了四次的照片，表明其已历经沧桑。同时还指出其绢质与北宋屈鼎的《夏山图》相一致，与张大千仿制的画则迥异，实非张大千的仿作。

郑重：中国山水画到了五代、北宋已到达了成熟的阶段，对后世山水画的发展影响巨大。你能不能对从五代到北宋的山水画做一个分析，这对认识宋代以后的山水画很有帮助。

陈佩秋：五代、北宋的山水画，已经积累了丰富的技法，所以对于对象的真实刻画，能够尽其繁复精微。撇开传世的董巨画迹不论，如赵幹的《江行初雪图》、卫贤的《高士图》、范宽的《溪山行旅图》、燕文贵的《溪山楼观图》、郭熙的《早春图》、王诜的《渔村小雪图》、巨然的《万壑松风图》等，都是公认的五代、北宋的山水画经典范本，也就是这一时代风格的“标准器”。此外还有如黄居寀的《山鹧棘雀图》、徐熙的《雪竹图》这两件作品中，对于山石、树木的描绘，也可以作为此一时期的山水画时代风格的参照依据。

郑重：你不妨从山石、树木、水波、点景人物这四方面，分别来进行更细致的分析。

陈佩秋：山石的描绘，真可以说是石分三面，尽刻画之能事，把对象的质和势，形神兼备地表现了出来。如范宽的《溪山行旅图》所使用的皴点。它的点子，有细有大，有时则是长条，长度有1厘米的，也有4厘米的，点子和条子的方向随山脉而运行，用笔可以看出明显的速度、力度。尤其是山顶的草木，所用的点子，起笔时用力按捺，收笔时则向各个不同的方向挑起。山石轮廓的行笔或疾或徐，时作顿挫，或作轻驻，一根山脉轮廓行线的变化粗者5毫米，细者1毫米，极其复杂。屋宇结构的用线挺拔、准确、有力。近树叶片的用形体线，百分之九十五以上使用夹叶法，它是以两根线条组合而成各种形状的叶片。远树及山顶草木，使用了点子。正是因为这样复杂的用笔，才能比较真实深刻地把对象表达了出来，相比于唐人的简略，这是一个大的突破。董源、卫贤、赵幹、范宽、燕文贵等这些五代宋初的画家，他们画中的树木都全部或局部使用夹叶法，不似《潇湘》等三图树叶全部使用墨点，即使卫贤《高士图》中，某些树叶似乎像是墨点，但可以看出它的用笔仍是两根线并成的，梁伯鸾头边的一棵梧桐，因叶大看得清是夹叶法。这些点叶法与南宋末至元代的点法有很明显的区别，就连南宋马远一派的山水中都有使用夹叶法的，绝不似《潇湘》等三图那样，山皴、树叶全用大同小异的点子处理。

巨然《万壑松山图》

卫贤《高士图》

现在我们来看五代的画水法，特别是网巾水的画法。古代的山水画，已注意到水的表现，所以，文献中多次提到怎样画水的技法问题。如顾恺之就说过，“凡天及水色，尽用空青，竟素上下以映日”，不但画水，还要画天。其画法肯定不仅止于用色彩渲染，应该还有笔线的勾画。如莫高窟的壁画中，画天有云彩的勾线，再用色染，画水有水波的勾线，再用色染。但唐人画水，勾线还比较简单，不能尽水之态势。而到了五代、北宋，关于画水的记载很多，且都是用勾线表现水波的动态。苏轼记蒲永升画水，认为“古今画水多作平远细皱，能为波头起伏，使人至以手扪之，谓有洼隆”，至孙位画水，其勾线能“与山石曲折，随物赋形，尽水之变”，其他名家画水，皆用细密的勾线表现波浪，有“死水”“活水”之辨。

郑重： 你很推崇卫贤的《高士图》，并以此为标准鉴定《溪岸图》为董源真迹，但也有认为《溪岸图》是卫贤的六幅《高士图》之一，北京故宫的《高士图》也是其中之一。《溪岸图》画接舆楚狂的故事，《高士图》画梁鸿、孟光的故事。此说是否有道理？

陈佩秋： 这一看法不对。从时代风格看，二图确实是一致的，但从笔墨的个性看，二者还是截然有别，是两位画家的作品。我认为《溪岸图》是董源的唯一传世真迹。前面已说过，从它的款识看，绝非后添，字体扎实厚重，其墨色与画的墨色一致，并渗入绢底。再说，《宣和画谱》著录有卫贤《高士图》六幅，有人认为《溪岸》是其中的《楚狂接舆》。此外，除两图笔法差异，二者的尺幅大小的巨大差异，更能证明它绝不是六图《高士图》的其中之一。

郑重： 谢先生在编《董源、巨然合集》之前，就听到张大千劝他不要再搞董源的《夏山图》《潇湘图》和《夏景山口待渡图》，但谢先生不听，仍然把这三幅图编进“合集”中去。但他已经发现这三图与《溪岸图》“判然异貌”，只是把这种现象归结为画家不同时期的作品，这些我在《谢稚柳系年录》及《谢稚柳传》中都提及了。后来他到台湾去访问，看了台湾故宫的画，回来即告诉我：除了《溪岸图》，对董源的其他几卷画，有了新的想法。我问他是什么想法，他不说，只说：“给你说了，你要给我捅出去。”后来他在病中，我经常到医院去和他谈书法问题，一次他又提及董源的其他几卷画，他说：“看来这几张画有问题，但是现在没有精力去做了，也没有力气和你谈了，你有空不妨去查些资料。”当时自感才力浅薄，没有敢把他的话接下去。你曾经给我说过要做这题目，不知你现在的想法如何？

陈佩秋：张大千的提醒，谢先生由坚信到怀疑，使我对这一时期的画又进行了更全面的比较、研究，由感性认识上升到理性认识。任何画家的个性风格，都是不能脱离于他的时代环境的，董源当然也不可能是例外。要说在五代、北宋初会出现《夏山图》《潇湘图》《夏景山口待渡图》三卷那样的笔墨风格，应该没有这个可能。三卷中的树木多为直干、点叶，水波多为简略的划线。而五代、北宋初的山水画，树木多为曲干，且多夹叶，尤其是南唐，水波满布细密的勾线，如卫贤、赵幹等南唐的画家，都是在江南临江近湖沿海地区活动，对这样的水波有着亲身的体验。因此他们的作品中，画水最典型的是网巾水，而房舍舟车，皆作精密细致的刻画，屋顶的瓦片和茅草、竹篱围墙的线条、紧密无间的造型是后世画家所不能胜任的。慢说是宋末元初，即使南宋的大家，也无紧密无间的房舍竹篱围墙。所以，要说三卷是董源真迹，在时代风格上完全不能吻合。三卷的画法，即使谢稚柳认定其为董源晚年变体时所作，也是近乎元人形体的。

郑重：你认为《夏山图》《潇湘图》《夏景山口待渡图》接近元人的风格，请你再说得具体些。

陈佩秋：代表元人画风的四大家赵孟頫、倪赞、吴镇、黄子久，他们把五代及宋人的繁复变成了简率，舟船、屋宇、人物只是简单的形体勾搭即成，表现一个意境而已。如《鹊华秋色图》《水村图》《富春山居图》《渔父图》等，无不如此。在宋人山水中，点景人物起到“点睛”的作用，在元人山水中，点景人物仅起到“点缀”的作用，拿《溪岸图》和《潇湘图》等三卷来比较一下，从点景人物的角度，看一看它们应该属于哪一个时代？《溪岸图》的人物、屋宇精致细密，神完气足；而《潇湘图》等三卷的人物、舟船只作简略的勾搭，意到而已。总体看，《溪岸图》没有一处不是五代的作风，而《潇湘图》等三卷没有一处不是宋末元初的作风。

郑重：董其昌在《夏山图》有过一个题跋说：“予在长安三见董源画卷，丁酉得藏《潇湘图》，甲子见《夏口待渡图》，壬申得此卷（《夏山图》），乃贾似道物，有长字印。三卷绢素高下广狭相等，而《潇湘图》最胜。《待渡图》有柯敬仲题，元文宗御宝，今为东昌相朱所藏。昔米元章去董源时不甚远，自云见源画真者五本。予何幸得收二卷，直追溯黄子久画所自出，颇觉元人味薄耳。”对董其昌的这个题跋，你认为还能成立吗？

陈佩秋：在这段题跋中，董其昌使用间接证据“乃贾似道物，长字印”“有柯敬仲题，元文宗御宝”，以此将《潇湘图》等三件作品一口气全部鉴定为董源真迹。其实，董其昌在这里玩了一个花招，北宋《宣和画谱》著录的董源作品中，有《潇湘图》等三件作品的名称，董其昌就根据自己的判断，将这三卷无名款又无北宋内府收藏印鉴的绘画，首先命名为《潇湘图》《夏口待渡图》和《夏山图》，然后指出，此三图就是北宋《宣和画谱》著录的董源的作品。这就是董其昌的毛病，他欢喜把流传的无款古代书画，安上一个更大名头。比如说，他把《古诗四帖》的作者题为张旭，把《龙宿郊民图》的作者题为董源，都是在没有明确证据的情况下“大胆命名”的。几百年来，很多古代书画的名称就按董其昌的鉴定结论立标了。

由于董源的《潇湘图》《夏山图》《夏景山口待渡图》这三件作品原来是作为中国绘画史上的“标准器”而存在的，如果这三件作品不是董源真迹，那么中国山水画的五代部分就要重新认识。同时，与此相关

郭熙《早春图》

燕文贵《溪山楼观图》

的南北宗问题、元四家的师承等中国画史上的重大问题，也都要重新认识。中国山水画史有相当部分内容需要重写了。我这样说，不是否定三卷的艺术价值，尤其这三卷中，以《夏景山口待渡图》的艺术性最高，放在赵孟頫的作品中，也是顶尖的佳作。我曾经和几位出色的绘画史系的教授、副教授共同讨论过，赵孟頫的《鹊华秋色图》《水村图》其间的山石点子，水边的杨柳树、芦苇形似蜀葵、竹类的造型，水中的远船，水边平坡上的牛、羊，以及水波、堤岸的皴笔用线以及造型皆与《夏景山口待渡图》十分近似。《夏景山口待渡图》的艺术性之高，除赵之外，找不出第二个画家。《鹊华秋色图》是赵早期的作品，《水村图》则较成熟，其间的柳树树干和枝叶、芦苇与《夏景山口待渡图》简直像是一人所为。赵是南宋至元初的画家，三图与赵的画风近似，或可说赵的风骨自《夏景山口待渡图》而来。再以绢本质地的考察而言，三卷中以《夏景山口待渡图》年份最旧，而《潇湘图》最新，几乎全无破损之痕，它们的质地年限，也绝够不上北宋，若输入电脑放大考察，即可证实。

陈佩秋对书画的研究，有着锲而不舍的精神，直到搞个水落石出方肯罢休。从2000年3月，她和笔者谈董源的《溪岸图》为真迹时，涉及董源的《夏景山口待渡图》《夏山图》和《潇湘图》三卷的可疑，到2002年12月出版了《名画质疑》，对董源的这三个画卷做了较系统的评论，但仍有许多不确定之说。2003年7月13日，笔者与她相遇，又谈到董源三卷，她说利用《晋唐宋元书画国宝特集》中的资料，又做深入研究，有了新的收获，并已拟就论文，准备参加辽宁博物馆举办的有关董源学术讨论会，并做演讲。

在这篇文章中，陈佩秋提出几个问题：

一、《夏景山口待渡图》《夏山图》《潇湘图》三卷没有作者姓名和图名。作者的姓名和图名是谁给加的？

范宽《溪山行旅图》

首先是柯九思，在《夏景山口待渡图》卷尾，柯氏题道："右董元《夏景山口待渡图》真迹，冈峦清润，林木秀密，渔翁游客，出没于其间，有自得之意，真神品也。"下面就不细说了，"冈峦清润，林木秀密"不是夏天特有的景色，秋天、春天都可有这样的景色；再说"渔翁游客，出没于其间"，不能说明是"待渡"啊，所以柯九思的题跋是"词不对画"，也就是"文不对题"。还是虞集的题跋给柯补了漏洞，题跋中有"柳下行人将有适，临流不渡心为恻"，比"待渡"之说要灵活得多了。柯九思的题跋比董其昌差远了。

其次是董其昌在《潇湘图》卷题跋曰："此卷余以丁酉六月得长安，卷有文三桥题董北苑，字失其半，不知何图也。既展之即定为《潇湘图》，盖《宣和画谱》所载，而以选诗为境，所谓'洞庭张乐地，潇湘帝子游'是者耳。"董其昌在这里也是先入为主，"字失其半，不知何图"，还题为《潇湘图》，完全是主观猜想，不近情理。董其昌自觉心虚，以"潇湘道中，蒹葭渔网，汀洲丛木，茅庵樵径，晴峦远堤"的实景，来证此图是董源的《潇湘图》，这就未免牵强了。但数百年来，后辈晚生都服服帖帖，没有哪个敢反对。我以为三图的作者及图名都不能成立。

董源《夏景山口待渡图》

《夏景山口待渡图》上柯九思和虞集题跋都是伪造。贾似道的“长字印”“绍”“兴”朱文连珠印也是伪造。此图非董源所作，此乃铁证如山。

二、《潇湘图》是抄袭《夏景山口待渡图》。抄的时候把“待渡图”中的杨柳去掉了，把船上的人物拉一个坐在船的当中，还加了雨伞。有一人物上面穿短褂，下面穿灰色长袍，这在元之前是没有的。《潇湘图》绢质之新，说是五代作品，实在贻笑大方。

三、把《夏景山口待渡图》和赵孟頫的《鹊华秋色图》《水村图》中的岗峦、树木、房舍、舟车、点景的人物、堤柳、汀渚、芦苇相比较，从中可以得到许多信息。北宋的画，都是高岭层叠，峰顶的轮廓线都是突出而挺拔，山峦没有平平的馒头形，而是尖尖的，轮廓线像锯齿一样。没有用点子表现山的凹凸面，而是短线、长线或块面。

特别值得注意的是《夏景山口待渡图》和《鹊华秋色图》，树丛中露出来的是什么？我说是蜀葵，夏秋之间，只有它才能在密不通风的树层中长得茂盛。在古代画中，唯有此二图中画有这类植物。这就提出一个问题，是“鹊”图抄“夏”图，还是“夏”图抄“鹊”图？或者两图

赵孟頫《水村图》

董源《龙宿郊民图》

赵孟頫《鹊华秋色图》（局部）

出自一人之手？可谓是心有灵犀一点通了。

郑重：你的意思是否说此二图都出自赵孟頫的手笔？在前面的交谈中，你也曾谈到这样的意思。

陈佩秋：我不说，只点到为止，让大家去讨论。《夏景山口待渡图》中有一个人物，和赵孟頫的《饲马图》中络腮胡子的人物一样，连表情都相近。

郑重：你这点研究比《步辇图》的研究要简练得多了，重点突出明白，而且有说服力。

陈佩秋：是啊，我这就不做具体比较了。只是当头棒喝，让大家清醒一下，不要尽信书，我是不迷信的。即使我研究的不对，有人能研究出正确的结论那不是更好吗？

郑重：我看统一的结论是没有的，对古代文化的研究，还是不要求统一的定论为好。没有结论，才能推动学术的发展。

陈佩秋《松亭纳凉图》

篇之捌

张大千仿石溪
山水起风波
陈佩秋凭实据
鉴画逼法官

某日，在壮暮堂与谢稚柳先生闲聊，一位姓王的客人携来一个画轴。我以为是来请谢先生鉴定的。这种情况我经常遇到，谢先生给人家鉴定时，我也看到不少书画，真真假假都有，长了不少见识。

画轴打开一看，是张大千仿石溪的巨幅山水。此画经过新裱，左下方有徐邦达先生的题跋，显然是从旧裱上挖下来裱在此处的。

王："这张画我送给徐邦达看了，他说题跋原来在另一张画上的。"

谢："他题在哪张画上的？那张画在哪里？"

王："他给我写了条子，说这张画是假的。"

谢："你不懂画，干吗要玩这个东西，有钱做房地产不是很好吗？"

王先生嗫嚅不语。

谢先生："我给你说是真的，你要我怎么办？"

王先生拿出徐邦达写的条子给谢先生看，上面写着："审视乃为摹本，裱边上拙书之跋，本题在原画上，今为移装于摹本左侧。"

谢先生看了那张条子，说："既然这样，我也给你写一张条子，这张画是真的。"

后来，我才听说，王先生对这张画放心不下，原因有三：一是杭州人说这张画是假的；二是台湾出版的一本图录上有这张画，因此断定是"双胞案"。必有一张是假；三是画中的房子画得不太好。王先生从浙江国际拍卖中心拍进此画后，听到这样的一些议论，先到北京找了徐邦达。徐氏看了认为此画非彼画，于是就写了那么一张条子，后来这件事闹得沸沸扬扬，各种说法都有，要诉诸法庭。我私下又问谢先生："这张画到底怎样？会不会走眼？"

谢："这张画绝对是真的。我看别的画也有走眼的时候，但看张大千不会走眼，如果我看不准张大千的画，谁还有资格说他能看准张大千？"

谢先生的这种非常自信又有些自负的语气，我是很少听到的。

王先生上诉两次都败诉，第三次上告到最高人民法院。最高人民法院要国家文物局请专家鉴定，被国家文物局拒绝了。那时谢先生还在世。

谢稚柳、陈佩秋在西湖合影

谢先生去世之后，最高人民法院举行了专家鉴定会，鉴定的结论：画是假画。消息传到上海，我即去访问陈佩秋，她坚持认定此画为张大千的真迹，我曾把她的谈话发诸报端。

1995年，谢稚柳、陈佩秋在杭州参加西泠印社组织的活动，恰好有一个拍卖会拍品预展，请他们去看，谢稚柳没去，陈佩秋去了。张大千《仿石溪山水图》挂在极显目的地方，陈佩秋不舍离去，“这张画有问题，台湾还有一张，是‘双胞案。’”陈佩秋回头一看，是北京故宫一位书画鉴定工作者说的。陈佩秋说：“不管台湾的那一张，我看这一张是张大千的好画真画。在张大千的同辈人中，没有人能画得出来。”站在旁边的另一人说：“你家谢先生就能画得出来。”陈佩秋说：“不对。谢稚柳不画石涛、石溪，画宋元一路，他比张大千画得好，叫他画石涛、石溪，肯定画不过张大千。”那人又说：“你看上款题的是雨农，雨农就是戴笠，张大千画这张画时，戴笠已经死了。”画挂得很高，看不清画上的题款，但她从画的用笔造型上来看，认定这画是张大千的真迹。于是，她就对那人说：“你怎么肯定雨农就是戴笠，世上同名的人很多。”

不久，王先生携来一本台湾出版的画册，上有张大千《仿石溪山水图》。谢先生上午睡觉未起，陈佩秋接待。因为没有原画，她把拍卖行的图录和这本画册在放大镜下，对房子、树、山上的点子、题识以及天空空白处破损面积等全部对过后说：“这两者是一张画，如果要造假画，不可能造到照相摄影水平。”

王先生仍然不相信。

陈佩秋又说：“有人对你说‘雨农’是戴笠的号，我现在告诉你，那两个字不是‘雨农’，而是‘农雨’。连徐邦达也是受了你的影响才改口的。”

我当时在报上发表这样一段文字，其目的是在提醒最高人民法院，张大千《仿石溪山水图》是经谢稚柳、陈佩秋两位鉴定家认真研究过的，虽然开了专家鉴定会，但鉴定书画不能以少数服从多数来决定的，因为鉴定家的水平不是一比一，有时是以一当十，甚至是以一当百的。

结果，最高法院主张调解，最后退画还钱。

由于有这样一个背景，我才向陈佩秋提出下面的问题。

郑重：可否再谈谈张大千《仿石溪山水》这件事的风波？

陈佩秋：事情已经过去了，我不把它放在心上。这种鉴定如果是在谢先生生前做的，允许谢先生辩论，最终又做出这样的结论，我不会过问的。但谢先生逝世不久，可谓是尸骨未寒，他们就如此行动，作出如此结论，我心中不服。我还是去了北京，找到最高人民法院的那位女法官。她一开口就说："定了，你们的事肯定要败诉。"我问为什么？她讲了两条，第一条是拍卖操作不合规则，第二条张大千《仿石溪山水图》是假的。我说："第一条我不管，说它是假的，证据是什么？"女法官说："我们请过国家文物局，它是最高的权威鉴定机构。"我说："国家文物局固然是最高权威机构，但参加鉴定会的是否个个都是权威？你们只请代表原告的一方，作为被告的一方，是否有辩护权？你们为什么不请被告的一方？这不公平。"

我进一步问女法官："鉴定结论的证据是什么？"她说："第一条，画上的印章不对。"我问："他们对的图章给你看了没？"她说："没有呀。"我问她："究竟哪一方图章不对？他们知道不知道丁亥（1947）张大千用的图章是谁雕刻的？？他们提供有关材料了吗？"女法官说："没有。"我又问："这个时期，张大千用的图章都是陈巨来或方介堪刻的，无论是陈派图章还是方派图章，都是有风格的，那些鉴定家给你讲了吗？"她说："没有。"我说："那他们凭什么说画上的图章是假的？"

她又说："第二条，张大千的款不对。"我问："他们提供真款给法官看了没有？真假款对比了没有？"她说："没有。"我说："怎么能够空口说白话，一点证据也没有呢？"

她再说："第三条，画不对。"我说："是树不对，山不对，房子不对，人物不对，还是皴法不对？他们有没有拿出真的来给你比对？"她答："没有。"随即又说："书画鉴定这么复杂呀。"我说："当然是复杂的，怎能空口说白话，光凭自己一厢情愿说它真与不真。这样的鉴定方法，谁都可以做专家权威了。"

郑重：可以编个戏叫《陈佩秋审法官》。

陈佩秋：谢先生生前就说，这件事可以写小说了。我认为，不能怪法官，而是因为这样的鉴定方法，误导法官，所以才有这样的结论。

篇之玖

《帝王图》《步辇图》，
对比说真假 规范性
科学性，推论见功力

阎立本《步辇图》描绘的是大唐的太宗皇帝接见外国使节，画史上定为阎立本真迹，所根据的是宋人章伯益的篆书题跋“唐相阎立本笔”。米芾在《画史》一书中提到《步辇图》，他说，阎立本画唐太宗《步辇图》上有李德裕的题跋，题跋的内容是什么？没有讲。米芾还说，人后面的脚画得比较差。他说，有这些内容的是阎立本“真笔”。《步辇图》曾入清宫内藏。清朝末代皇帝溥仪逊位，将《步辇图》携带出宫，到了天津卖掉，买主并没有将它再转售，只是作为女儿的陪嫁，由女儿将此画带到福建婆家。新中国成立后，藏家将《步辇图》捐赠给政府，现藏北京故宫博物院。20世纪80年代，中国古代书画鉴定组鉴定《步辇图》为宋人摹本。陈佩秋鉴定认为从艺术性上来看，达不到宋人摹本水平，系后人伪造。

郑重：现在我们把话题转到你对《步辇图》鉴定的话题上来。反复看了陈启伟采访你的文章，对你那种考证的严密性，材料使用的合理性，说理的透彻性及对事物判断的肯定性，在已有的鉴定著作中几乎是没有的，至少是我未曾看到过的。我很赞赏你的这种学风。

你的数理化很好，中学时你考试的数学题，你的老兄都做不出来。你高中二年级时，你就为同学代考大学，以后又考进西南联大经济系。可一年后，你还是留恋中学时代对美术的爱好，于是又走出昆明，到重庆去投考杭州国立艺专。有这样一个数学脑袋，对你的绘画和鉴定有帮助吗？

陈佩秋：数理化和画画是没有矛盾的。世界上有不少画家或搞文科的人，都是学数理化出身的，达·芬奇就是个很好的工程师。多年前，英国作家韩素音来上海中国画院访问，我一起参加接待，韩素音也提出这个问题，说搞科学的人不适合画画，画画的人也不适合搞科学。我当时就说不完全是这样。因为对新的一行你没有深入进去，如果深入进去，都会搞出名堂来的。对科学搞得很出色的人，如果去搞绘画，只要深入进去，绝对能搞得很出色。因为任何一门学问，都要真正深入进去，不深入进去是搞不了的。你能有毅力深入进去，不能说你只会深入科学，而不会深入艺术，不会深入绘画，不是这样的。就看你能不能深人，有没有深入钻研的性格。钻牛角尖非要钻到底，非要钻进去不可，没有这种精神，你搞任何东西都是搞不好的，并不能因此割裂开来说搞艺术的人不能搞科学，搞科学的人不能搞艺术。相反，如果钻进去，都会搞出与众不同的新花样来。

郑重：谢先生也是这样认为，他说他数学成绩最差，不会算账。

陈佩秋：那是因为他没有在这上面花功夫。要是谢先生家里从小就叫他天天打算盘过活，他肯定会把算盘打得很好。因为他的心思都放在画画上，没有放在打算盘上，算账怎么能会好呢。

郑重：你是画山水花鸟，不是画人物的，你对古画质疑怎么会先从《步辇图》着手呢？

陈佩秋：我画过人物画，只是不多。“文革”中，我画过人物画的题材《拉练》，大树下许多人在冬天的雪地里长跑。我是杭州国立艺专科班出身，人体结构的基础都有的，所以能指出《步辇图》中人体结构有许多不对的地方。这张画早就有人提出怀疑，徐邦达很早就提出是宋人仿唐人的摹本，谢稚柳认为画得太荒率，也不注意它。“晋唐宋元国宝展”期间，有鉴定家也说是宋人摹本。摹本是什么？摹本就是拷贝本，是拷贝就会和原作“如出一辙”。说《步辇图》是拷贝本，但和阎立本没有一点关系。说《步辇图》的裙子和唐墓葬壁画的裙子一样，是红绿直条子相间的，可唐人的裙子是丝织品，坠到地上会出现波浪形，但《步辇图》的裙边是波浪形吗？只画了一根直线，形似硬物的罩形，与唐人壁画中所有的宫女波浪式的裙边完全不符，像是不懂画的人画的。若《步辇图》是拷贝本、摹本，摹本怎么会摹错？摹本和原作能相差那样远？有一些专家也提出过类似的问题，但都没有在这上面花过功夫。最初我也只是认为画得不好，没有深入探讨。后来，看到了美国波士顿博物馆印制精良的藏品图册，那里有阎立本的《历代帝王图》……

阎立本《步辇图》

《历代帝王图》（局部）

郑重：是不是你花了一万几千元钱买的那本《波士顿博物馆藏中国古画精品图录——唐至元代》？

陈佩秋：是。我把《步辇图》和《历代帝王图》一对比，发现问题太多。于是索性放下手中的其他事情，仔细研究起这两幅图。我从米芾《画史》中得知他看了吴道子的画三百本，没有一本是真的，看了三百本李成的画，只有两本是真的，所以他“欲作无李论”。做假画，不但今天有，自古就很多。我研究的结果，此画根本不是什么宋人摹本，而是元以后的做假。

郑重：你们家原有一卷《历代帝王图》印刷品，是日本印的黑白卷子，谢先生曾借给我看，我还请人临过其中的一个帝王像，即你谈到的那个胡须画得非常好的那个。谢先生开始看到这卷印刷品时，认为是一件很好的作品，待到敦煌看了壁画后，有一种感觉，好像和当时的画派有点不符合，风格不一样。后来，他到美国鉴定书画，在波士顿见到这卷真迹，它的时代比台北故宫博物馆的《宫乐图》早，是后人把阎立本的名字安上去的。这件作品的的确确是最早的唐画作品，时间是初唐。他说他年纪大了，时间精力不够了，叫我不妨查些资料。我认为自己学识不够，也不想当业余鉴定家，所以没有深入去搞。如此，《历代帝王图》是不是也需要讨论？你以它为“标尺”来鉴定《步辇图》，是否会有不妥之处？

陈佩秋：是的，别人过去也有这种说法。你说的三四十年代日本印的那个卷子是黑白的，印得很差（对《步辇图》也是），谢先生看了，开始没有花时间去研究，后来，他看了波士顿博物馆藏的那卷原迹，看法有所改变。我仔细研究了波士顿的那图册，觉得以前那种说法不准确。为什么会提出前一段是后补的呢？因为那个卷子中间自上而下有裂痕。所以有人怀疑前面一段是后来补画上的，这就是疑点的根据。但只要经过深入地研究，就可以确定它前后的风格是一致的，绢地也一致，应是出于一人之手。我在著文中，辨证了《历代帝王图》当为阎氏所作，但《步辇图》则绝不可能是阎立本的画。《历代帝王图》高于《步辇图》之处，我在上海博物馆的“千年遗珍”国际学术研讨会的发言文章中列举了好几条，该文不久就会见诸于世。

上海博物馆要举办“晋唐宋元书画国宝展”时，陈佩秋收到邀请出席该国际学术研讨会，并要求她提供一篇学术论文。她告诉我准备在会上把她在鉴定上花的时间和心得亮亮相。自那以后，我因忙于他情，再无暇细问。后来我的一位青年同事陈启伟对她进行了访谈，写出了《名画说疑——陈佩秋访谈录》，先是在《文汇报》摘要发表，引起书画鉴定界的注意，甚至连局外人也产生了兴趣。在上海博物馆举行的“晋唐宋元国宝研讨会”上，每个代表只能作10分钟的演讲，但对陈佩秋却特殊照顾，给了她15分钟发言时间。她发言结束，真可谓“掌声不息”。再后来，就是陈佩秋、陈启伟签名售书，作为读者，我也去了，购书者排成一字长龙。第一版六千本，很快卖完。足见圈内、圈外人对这一话题的重视与兴趣。

《名画说疑》一书介绍说：清朝末代皇帝溥仪逊位，《步辇图》被溥仪从宫中带出，流入天津市肆，买主将此画送给女儿做了嫁妆，由女儿带到福建婆家。中华人民共和国成立后，藏家把《步辇图》捐献给国家。

陈佩秋根据如下诸点对《步辇图》提出质疑：

1. 从《步辇图》的艺术性来看，水平极差，它是伪作，不是摹本，更不是阎立本画的。

2. 唐距今一千多年，《历代帝王图》磨损了，《步辇图》则基本完好；《历代帝王图》上的榜题字写得很好，《步辇图》榜题三字极差。

3. 《步辇图》画的是唐太宗召见吐蕃使臣，不穿朝服却穿了便装，合理吗？伞盖也画得不对。

4. 抬步辇左右各几个人是有规定的，怎么可能由一个宫女在脖子上挂根绳子就能抬起？

5. 《历代帝王图》人物的胡须画法很精致，《步辇图》人物的头发和胡须都是墨色乱麻，画法完全不同。

6. 《历代帝王图》人物的脸圆圆的，是初唐人的画法；《步辇图》中除李世民外，个个干瘪。若是同一个画家画出来的，差别怎么会那样大？

7.《历代帝王图》中人物的头、手、坠子、服饰、辇的线条好，形象准确，《步辇图》和它不可同日而语。

8.《历代帝王图》中的舆通体朱漆云纹，以浮雕、花纹、丝带饰之，《步辇图》中的舆通体无漆，部件短缺，结构差错，比例失调。

9. 唐代人物眼眉开阔，而《步辇图》人物小眼睛、小鼻子，身体瘦削，如同明清人物画的风格。

10. 自有辇车、舆、轿以来，充当舆士的都是男子，《步辇图》以女性充当抬舆人，有违常情。

11.《步辇图》的题跋费解之处太多（略）。

12.《步辇图》的印章和绢存疑处不少（略）。

《历代帝王图》（局部）

郑重：你在回答陈启伟有关阎立本《步辇图》的问题时，引用十几种典籍，又把它和《历代帝王图》与唐宋时代的很多张画包括唐墓中的壁画做了比较，花去大半年的时间，用功匪浅。听说那一段时间，你连画也不画了。

陈佩秋：是啊。我不只是从资料上得到证明，还把《历代帝王图》和《步辇图》输入电脑，把两张画的每个局部都对照起来看，细部对得多了，心里就有一个大概，就能知道两者的区别在哪里。我之所以要这样做，是要让人了解这样的鉴定方法是不是规范的、合乎逻辑的和科学的。这并不取决于某一张画，即使不研究《步辇图》，我也会对其他画以相同的方法去研究的。

郑重：现在大家的眼睛都盯着《步辇图》，而对你的鉴定方法却忽略了。我认为你研究《步辇图》，判断它的真假固然重要，更重要的是你的鉴定方法，为古书画鉴定做出了范式。对自己的结论，你有多少自信？

陈佩秋：我是很自信的。但我不主张一家之言，会有人不同意我的结论，也可能有人像你一样，会觉得我是画画的，怎么搞起鉴定了呢。我也希望有人和我辩论，这样对提高当前的鉴定水平也许会有帮助吧。

郑重：我看到你对宋画的鉴定，在画册上一些画的旁边写了一些批语，如：宋人《别院春晓图》：这小山如何承载如此宫殿，宋画中从无此安排。

宋人《闸口盘车图》：原稿是宋还说得过，但此是粉本，留给后世已破损。这样，原画画上诸处线破，为后人所修修补补，与前人样本有出入。按此图错误之处，即可判断绝非宋人所写真迹，不但不是北宋，连南宋也不符。

宋人《骑驴图》：是宋画吗？看看它人物衣纹用笔，人的骨架肌肉

黄居寀《山鹧棘雀图》

崔白《双喜图》

的形体均不合格，用笔的笔触，生涩肤浅，不合人体之体态及笔法转折起落之规范，亦无标准圭臬之南宋人笔法特征。

郭忠恕《明皇避暑宫图》：学郭熙，树法不对，显然是伪作。

李成《寒林骑驴图》：诗塘上有“大风堂供养天下第一李成画。蜀郡张大千爰。”人物勾线、面部形态与韩滉《文苑图》人物衣纹相似；与徐熙《雪竹图》树干用笔相似；双古松勾线及没骨树干、洞高古，双古松小枝笔势上仰下垂者，劲挺如蟹爪。本册所有标在李成名下者，只此一图笔墨可当，树干之点雪法与《江行初雪图》类。绢底破损与《溪岸图》类。

乔仲常《后赤壁图》卷（美国堪萨斯纳尔逊博物馆藏）：北宋不可能有此画法，南宋也不可能有，应是元代钱选到王蒙这段时间的。

《韩熙载夜宴图》：绢底款疑问。

你这样一张一张地看下去，每张画都有批注，要用多长时间才能看完？

陈佩秋：任务很重，这件事我不做谁来做呢？我把它当作历史任务，尽自己的力量，能看多少就算多少吧。

郑重：我是干记者职业的，有的问题可能提得比较苛刻，你别介意。这次“晋唐宋元国宝展”展出的作品中，还有几件作品引起争论，如崔白的《寒雀图》、宋徽宗的《柳鸦芦雁图》，还有徐熙的《雪竹图》，画的是雪竹还是月竹？等等。

陈佩秋：你是我们家的老朋友了，可还是保持你的记者作风，喜欢提尖锐的问题，这样好。崔白的作品我们能看到的有《寒雀图》和《双喜图》，前者在北京故宫博物院，后者在台北故宫博物馆。《双喜图》是崔白作品的“标准件”，这是大家公认的。如果把《寒雀图》和《双喜图》加以对比，《寒雀图》在艺术性上与《双喜图》相去甚远。这个画派是从黄居寀开始的，台北故宫博物院有他一件《山鹧棘雀图》，到了崔白发生了变化，除了鸟的画法还继承黄居寀外，树木、石头及其他布景，却和黄居宷不同，已自成一家了。将《山鹧棘雀图》作为黄居宷的“标准件”和崔白的“标准件”《双喜图》再与《寒雀图》比较，无论是鸟或树干，都是不相符合的。这次展出的还有上海博物馆馆藏的李迪的《雪树寒禽图》，再用它和崔白的《寒雀图》相比，艺术性也相差很远。以画家的艺术水准而论，李迪和崔白是不能相提并论的，但《寒雀图》与《雪树寒禽图》的艺术性又有着那样大的差距，是有些不可理解。

那天参观时，有人问我，你看《雪树寒禽图》怎样？他为什么这样问是有个背景：这张画本来是大收藏家庞莱臣的。张大千曾借来临了好几张，谢稚柳也借来临过。这张画后来进了上海博物馆，重新装裱时，发现画的反面没有涂颜色，有人就急了。为什么呢？古画用的是绢，有的绢是透明的，所以反面常要涂石质颜色，涂石绿或石青。像叶子正面是草绿色，是中性的，不够深沉，反面涂了颜色，就显得厚重得多了。50年代我开始临宋人画时，也采用这种方法，如宋人团扇、李嵩的花篮，我都是用这个方法画的。但也不一定每张绢画都涂，如果画面用植物颜料，就要在反面涂石质颜料，如果正面用的是石质颜料，反面就不要涂了。所以，不能因为《雪树寒禽图》背后没涂颜色，就怀疑它的真实性。这是一幅很好的画，因为张大千有几张临本问世，就怕这幅也是张的伪作，是谈虎色变罢了！

徐熙的《雪竹图》20世纪50年代我就看见了。当时，上海中国画院还开过专题讨论会，吴湖帆提出是“月竹”，而不是“雪竹”，其他画家也持这种看法。其实是雪竹，在竹根的石坡上就积有残雪，有的人可能没看仔细。据说这张画先前是有款的，到了钱镜塘家里，便将清代的款挖去，给博物馆时就没有了。这张画可说是上海博物馆藏品中最早、最有艺术价值的一张，在中国绘画史上亦是如此。

宋徽宗的《柳鸦芦雁图》，我曾经花过功夫临过。那时此画还没有被上海博物馆收购，而是在北京的靳伯声手里。我只是对宋徽宗的“天

李迪《雪树寒禽图》

下一人”的花押有怀疑，可能是勾填的，比较呆板，又没有宋徽宗的印。说它是假画，还须找充足的证据。一般鉴定宋徽宗的作品，都是把花押签名和印放在同等地位的，他的御书葫芦印、方印、双龙印（有圆、方二种）都是鉴定凭证之一。而《柳鸦芦雁图》那个卷子上没有这些印。但识别真伪皆须以笔法造型作为主要依据。如果把宋徽宗的另一幅画《金英秋禽图》和《柳鸦芦雁图》相比较，就可发现两幅画中鸟的画法有所不同。

赵佶《柳鸦芦雁图》（局部）

篇之拾

老叶弥新，随其自然

性情高逸，水到渠成

自陈佩秋对《步辇图》的真伪提出质疑后，人们都在问她是不是要当鉴定家了？陈佩秋说她所做的事情不是“鉴定”，而是“鉴订”。当今鉴定界学风不能尽如人意，正如《红楼梦》所写“假作真时真亦假”，这就需要有人来做“订正”工作，给书画有个准确的评论。陈佩秋就是带着这种历史责任感，把较多的精力用在书画特别是宋元绘画的研究上。走进高花阁，常见案上画册累累，画册中夹着许多纸条，在一些画页旁写了评语，评论画，也评论别人鉴定的得失。

郑重：多年前，你曾致力于书法的研究，想走出一条新路来，那时谢先生就开玩笑说：“啊，你想做书家，不想当画家了。”你仍然坚持练字，结果走出了一条新路。你现在对古画质疑的兴趣又这样浓，有时连画也不画了，是否想当一个鉴定家？

陈佩秋：不是我想当什么家。有些事情我看到了不能不想，想了又不能不做。我觉得最主要的是一种责任心，或者说是职业良心促使我这样做的。书画与市场相连，就必然出现假画。古人说假画比真画多，过去我不相信，现在越来越相信了。市场上假画会越来越多，但又不可能像其他商品那样来一个书画打假活动。解决这个问题的办法，只有加强鉴定工作，培养鉴定家的职业良心和提高大家的鉴别能力。

米芾说看了三百本吴道子，没有一本是真的。吴道子画了那样多的画到哪里去了？留意那个时代就可发现，吴道子画的都是大画，更多的是壁画。大画不易保存啊。画壁画的不一定都是画工，大画家也画壁

三代同乐

画，阎立本的《十八学士图》、凌烟阁壁上的《二十四功臣图》等都是壁画。五代的画还都是大幅头的，后来卷轴都集中到皇宫里去了。

艺术品的好坏，和大众的口味不一定是成正比的。梅兰芳编的《太真外传》，唱腔和表演都非常复杂，艺术性很高，但剧场卖座不如《霸王别姬》。《霸王别姬》简简单单，但每次演出都满座，梅先生每到一处演出的剧目都要首贴《霸王别姬》。梅先生很是感触："唉，艺术是有命运的，好的艺术品不一定命运好，不受人家欢迎。"《太真外传》就是命运不好，不叫座，不如《霸》剧受观众欢迎。绘画也是如此，画家精心创作的，自己感觉也很好，但到市场不一定能售出高价。我50年代临的宋人册页，不是创作的，艺术价值也低，却拍了好价。而我现在画得较好的，反而没那时的价钱大。卖价的高低并不代表艺术作品的好坏，这就是梅先生说的艺术作品有个命运的问题。我临的黄君璧的启蒙画也能卖钱，画得一塌糊涂，那时，不临老师的画，考试时要吃"鸭蛋"。同学们说我临的画是黄君璧的"副牌"，能卖的这张就是临黄君璧的"副牌"。同学们都讥笑我没有出息，说：她只晓得临画，不晓得创作的。现在是黄君璧的"副牌"也有买家，他们说这种画有"过程价值"，真是天晓得。

此时，已故的上海名书家赵冷月的公子有一轴画在此，打开一看，正是陈佩秋临的黄君璧的山水，上有题款："甲申岁寒南阳陈佩秋写于川东盘溪。"陈佩秋补题："甲申岁临黄君璧先生画，迄今五十有九岁，癸未赵先生得自朵云轩，持来索题，因记。"

郑重：你画的夹叶树，很好啊。

陈佩秋：还很好呢？那有石涛的画册，你去对一对，就知我这张画上的夹叶树画得好不好了。你看这字，写得多可怕啊。那时用钢笔，毛笔字还未写好。

郑重：你还准备对谁的画或哪张画提出质疑？

陈佩秋：我最近花了几天时间把石涛的画过滤了一下。有位朋友买了一本石涛的册页，看了天津人民美术出版社的《石涛画集》中有一本册页和他买的那本一样，他怀疑自己的那本是假的，就跑来找我。我把天津人民美术出版社出版的两大册石涛画集，找来研究，画集中有一部册页，上有朱屺瞻的收藏印，不知是别人打上的，还是朱先生自己的收藏，这部册页是有点可疑的。在这套《石涛画集》中，我以为有问题的还有几件。石涛的画，他所有画树、画山勾的轮廓线，山的皴笔，画房屋的线，画茅草房顶的皴笔，画的房子、画小船的用笔，画小桥、树、树叶子的点、水边的草、水的波、舟的帆，小人物的衣纹、造型、脸，等等，种种形象都有他独特的风格。石涛画前前后后的画面虽有许多变化，但他的用笔是不变的，早期和后期都是一样的，成为自己的一个格局。有所变化的只不过疏密、粗细罢了。把他所有的用笔都输入到电脑里，可以看出前后的一致。假冒石涛的画用电脑来对比也可以分得很清楚，真假两者是不同的。过去我们搞鉴定只凭记忆，没有电脑的帮助。现在在电脑里就可以清楚地找到石涛笔下的水草有三种样子，苔点、小竹子的画法都有共同点。这些不是用语言能讲清楚的，用电脑配比，就可以说清楚了。

画家用笔形成自己的格局，成了习惯性，这种习惯性，就像说话一样，有一种语言习惯，从小到老都无法改掉。用笔也是这样，过去我也不懂用笔，画到后来成了习惯，用那种笔法画一个物体，总感到很美，形成了习惯。郑板桥的兰竹、石头的技法简单，很容易形成习惯性的东西。郑板桥习惯性形成的笔法，表现出来的艺术性，和石涛的兰竹是不能比的。有人说就像青菜萝卜不好比，但艺术不是青菜萝卜，它有文野、雅俗、高下之分。有艺术性的高低才有画家的成就大小。画各有各的妙处，绘画之妙在艺术性。郑板桥的画有过多的习气。石涛的就有变化了。到底石涛的学问好，很广博，字的变化高明，在画内画外的修养都高过郑板桥。当然，在扬州八怪中，郑板桥也算是一家。

郑重：讲到这里，我又有个问题：在其他人的谈话中，谈到了“利家”与“行家”“画内功夫”与“画外功夫”等问题，我理解好像对“画外功夫”即画家的学养有些否定，认为画工没有学问，也可以画出很好的画来。如果那些画工有了学问，不是可以画得更好，和顾恺之、阎立本一样成为千古不朽的画家吗？你和谢先生都兴趣广泛，除了画画，还读书、写字、作诗、著文、观昆曲，听京戏，看电视，阅武打小说，交友、旅游、美食、养花、笼鸟，你年轻时还能登台唱戏、开车、骑马，这些都是画外功夫啊。为画或其他学问的问题，你和谢先生争论，彼此发火，这可是一种探讨性的争论，如果没有画外功夫，你们连架也吵不起来。

陈佩秋：学养对一个画家当然是不可缺少的。有了“画外功夫”，可以帮助“画内功夫”的提升。以张大千和谢稚柳来说，两个的“画外功夫”“画内功夫”都是好的，我认为谢稚柳的山水比张大千的山水要糯，要温婉得多。谢稚柳山水中的那些小树、水边的小竹子，和张大千的比比看，哪一个更好？谢先生更接近宋人，石涛、八大他不画的。我把他们的山水做一概括，谢稚柳的山水比张大千的山水画得要考究。有一次徐伯郊来，我把这一看法和他说了，他同意我的看法，谢稚柳很要情面，他不同意我这样说。现在谢、张都不在了，我可以这样说了。当然，张大千的学养中有些东西是谢稚柳所没有的，这也在他的画上表现出来。

王原祁《山水图轴》

张大千《荷花图》

陈佩秋与王个簃、朱屺瞻、程十发

郑重： 这一点，我在《谢稚柳传》或其他文章中，把溥心畬与吴湖帆、张大千与谢稚柳做过比较，心畬很飘逸，湖帆大雅温文，可惜缺乏创新；大千笔性以萦纡舒展见好，稚柳则以凝静含蓄见胜，各有风韵。

陈佩秋： 你这个看法是对的。刚才说，郑板桥赶不上石涛。石涛也算很不错的了，但赶不上宋元的笔法严谨。谢先生也批评过石涛的。宋人比石涛多样，造型也美。当然，美也是有时代性的。唐宋的美，明清并不接受。

郑重： 你已碰了石涛，还准备向“四王”开炮吗？是否准备横扫千军，把古代画家的作品都筛一遍？

陈佩秋： “四王”的画很多，研究的专家也很多，我没有精力，也没有兴趣，让别人搞罢。对古代绘画我没有本事统吃，只能搞我熟悉喜欢的几家。

说到四王专家，尤其是王麓台，不免想到徐邦达先生。吴湖帆的老友陈巨来，是徐邦达老师辈的人物。陈巨来在《记十八狂人事》一文中，徐邦达亦在其列，陈巨来写道："其表兄名孙元良，乃赵门弟子，余师弟也。故以孙之介，始识之。时邦达只十二岁，一见余即探怀取名刺一纸，视之，徐荃，邦达也。老三老四地与余连称久仰久仰。余为之竟瞠目不知所对了。余戏询之曰：尊名荃，与邦达有何关系。他云：我要合黄荃与董邦达为一人呀。余云真乃雄心壮志，可嘉可嘉。"对徐邦达学画的经历，陈巨来在文中又写道："孙元良死后，他即嘱余拜公为师，因见叔师非山水专家，故又嘱余拜冯超然为师，冯门定例，每年需纳三百元，三年为限，他一算，须九百元，乃中止。遂又托拜了当时小名家李醉石为师。李以学麓台驰名，教授法最好，邦兄由此得了不少知识。后他常告余云：李氏虽无大名，但教画第一好老师云云。后再拜吴湖帆为师。一、以自标榜；二、得湖帆指授辨别古画方法。于是大大进步矣。"由此可见，徐邦达学王麓台根基匪浅。

郑重：你是否准备集绘画、书法、鉴定于一身，成一个画坛大佬？

陈佩秋：我没有本领、资历、学识当画坛大佬，也不想当画坛大佬。我给你讲过的，我只是画坛的一片绿叶，要把红花衬得更艳、更美。我不是一个很有天赋的人，也不聪明，所以做什么都是进展很慢，你是了解的，我临画就临了几十年，直到60岁以后，才渐渐开窍，有所心得。我常把自己比喻成一辆牛车，在大路上慢慢地走，不怕路途遥远，我靠的是耐力。其他画家天赋好，有的是火箭，有的是飞机，有的是火车，即使自行车，也比我这牛车跑得快。对古画也是这样，只能研究一些我熟悉的。再好的鉴定家也不是万能的，看任何画都可一言九鼎，世界上没有这样的人。谁也不要想靠当画坛的老大，以为振臂一呼，就能众人响应。鉴定也是这样，这是需要几代人才能走完的路，随其自然，便会水到渠成。

篇之外

心有灵犀，两山夹日
丹青眷属，各显风流

前人有一副对联："两山夹日千峰暗，一水牵波万里长。"陈佩秋、谢稚柳在画坛上可谓是两座山峰。但是他们这两座山峰，并没使其他艺术高峰失色。不能不承认这对丹青眷属，在美术史上都是极为罕见的。他们的老友启功先生称陈谢是当今的赵孟頫、管道昇，并在他们合作的画卷题写着"赵管风流"，但高花阁不以为然。

郑重：你大学毕业，到了上海，又进了上海市文管会，你当时的想法是什么？是不是因为谢先生已经在文管会工作了？

陈佩秋：不是因为谢先生我就进文管会了。那时还是想学习，想在画古画上有所长进，到了文管会能看到许多古画，而且是别的地方看不到的古画。

郑重：你的目的达到了吗？

陈佩秋：虽然没有完全达到，但在文管会的确看到了许多古画，特别是宋人团扇、小品，都画得很精致，我开始临宋人的花鸟。

郑重：从山水转向花鸟，这其中是否隔了一层？

陈佩秋：不会的，古代许多画家都是山水花鸟皆擅长，宋代的花鸟画就是在山水画的影响下发展起来的。最早的花鸟画是皇室的作品，是作为人物背景画的。比如战国的《龙凤仕女》的龙、凤都是作为陪衬的。敦煌北朝的壁画，都是以人物为主体。汉画也是这样。

到了唐代的时候，山水画和花鸟画就分离开了，只有画史记载，没有实物可看。一直到唐末、五代初，我们才看到纯粹的花鸟画，如徐熙的《雪竹图》、黄居寀画的鸟。到了宋代，在花鸟画上面发展了山水画的用笔。这从郭熙早期山水画上就可以看出来。花鸟画中画树的笔法，地坡画法，都和山水画的用笔相接近。崔白画花鸟的用笔就和郭熙很接近。我本来是画山水的，到了上海才开始画花鸟。有人跟我说，你不要画山水了，花鸟画得到大家的欢迎，你还是画花鸟吧。

郑重：看了你的绘画发展过程，和临古人山水画一样。你画花鸟画时也是把注意力放对古画的临摹上，没有受“国画革命”的影响。

陈佩秋：古人画得那样好，我们学都学不会，还革什么命啊？我认为我们还没有资格去革古人的命。当时临摹的花鸟画有宋人李嵩的《花篮图》。这件东西本来是钱瘦铁的藏品，我借来临摹。五代黄筌《写生珍禽图》、宋黄居寀《山鹧棘雀图》、宋崔白《寒雀图》《双喜图》、宋人《梅竹聚禽图》、宋赵佶的及画院派的工笔花鸟、宋人《写生蛱蝶图》、李迪的那几张花鸟、宋人团扇、南宋梁楷直到元人王渊《花竹禽鸟图》《山桃锦雉图》、张中《芙蓉鸳鸯图》我都临过。那时，我已经从文管会辞职，在家中专于临摹写生花卉和禽鸟，颇有心得。那时临的画册还有不少。

郑重：生计怎么办呢？

陈佩秋：画檀香扇，也做些毛巾、花布、年画的图案设计工作，生计不成问题。1956年上海中国画院成立，我是被聘的首批画家。

郑重：画家要比家庭的生活广阔多了。

陈佩秋：是啊。首先是开会多，要为政治服务，要到工厂、农村体验生活。有一次，上海美协召集“美术创作上的自然主义”问题座谈会，邀我参加。我就感到奇怪，画画就是描绘大自然，怎么还会有自然主义？我在会上发言，画大自然是写实，是描绘所看到的东西，当然要写有艺术性美的东西，但是不美的现实描写当然没有艺术性。如果现实是美的是能说明问题的，那么如实的描绘也是艺术的社会主义现实主义。

进入画院之后，陈佩秋和画院的画家林风眠、关良、来楚生、陈小翠、吴湖帆、沈迈士、黄幻吾、陆小曼、钱瘦铁等，先后去上海郊区人民公社、张庙工业区、渔港、苏州河畔、上海植物园等地体验生活、写生。

还有参加各类画展览。1956年，陈佩秋画的《花鸟》（墨彩）首次入选华东地区美术展览会。同年，《天目山杜鹃》在上海青年艺术作品展览会上展出并获一等奖，获奖的评语："善于观察事物，掌握国画花鸟画优良的表现技法，刻画松鸦尤其生动。"《茶花斑鸠》入选第二届全国国画展览。《天目山杜鹃》又参加文化部举办的全国青年美术奖展览并获二等奖。1960年《山雀紫荆花》参加中国美协在北京主办的"三八"妇女美术家作品展览。与谢稚柳合作的《闵行一条街》参加中国美协主办的第三届全国美术展览。1965年，对外联络委员会在香港主办"上海花鸟画作的展览"，以《花卉》参展，并为观赏者购去。还有一些花鸟画，被选去出版。

此外，还要为青年上课。1959年，为上海美术专科学校本科班杨正新等5名学生讲授"花鸟画的双钩及没骨法"。什么是没骨法，陈佩秋语说："没骨画没有线条，但不等于不用线。没骨画是先钩线，那个线条勾得非常淡，慢慢注墨、彩上去，画上去以后就看不见之前的用笔了。没骨画还是要先画底稿的，不画底稿不行。我所看到的古人没骨法，画的底稿都被墨或色彩掩盖了。"1963年为浙江美院青年教师章培筠等传授"花鸟画的创作的传统及现代派"。1964年为南京艺术学院青年教师刘莉清等讲授"我怎样创作花鸟画"。

郑重：20世纪60年代之前，你就誉满画坛了。

陈佩秋：哪里。那时和在美专一样，画院中有的画家，说我是小脚女人，裹着小脚走路。那时还是青年气盛啊，心中不服气。你们说我是裹着小脚走路，那我就把脚放大，画点大笔头的给你们看看。我不乱来，画些徐春藤、八大山人的水墨大笔头。

郑重：你的“放大脚”和别人的简笔写意不同，你在自己画的《秋实双禽》题跋是这样写的：此图写于1979岁“文革”后三年，是所作树林花叶多以写意简笔为主，唯其小枝末梢并山禽羽翼犹留早期双钩笔痕，可见是时着重于写真及临抚古人之力。至于图画雀在创意脱不开笔墨色调布局及内涵，不识此者何名创新，而真创新者亦必有所本色也。健碧海上。

陈佩秋：有了工笔的基础，再画大笔头就不太难，当然两者不是一回事。

细笔与粗笔需要有两种不同的方法。当需要粗笔的时候，需要重新练习粗笔的方法；原来画粗笔的人想画细笔时，也要重新学习细笔的方法，不能讲画了细笔影响粗笔，也不能讲画了粗笔影响细笔。至于所谓“工笔画”一说，我也是不同意的，这是明清文人画占据画坛之后贬低画这一画风的说辞。事实上，宋元根本没有“工笔画”这一说，包括唐代也是如此。崔白的《双喜图》也好，敦煌莫高窟的壁画也好，它们似乎是很“工”的，但实际有许多率意挥洒的地方，初看很“细”，实际上有许多粗阔的线条。它是工整与率意、精密与豪放相结合，而绝不是一味僵化刻板。

郑重：你就以崔白为例再谈谈“工”与“放”的问题。

陈佩秋：崔白的《双喜图》，仔细地看他的背景，再看地坡、石头的皴笔，后面的树、草、风中的叶子，都是有工细和率意两种笔法，画得很好，是不亚于山水画家郭熙的，包括线条和皴笔，和郭熙是很相近的。他是很全面的。

郑重：我觉得你画八大山人那些特别有神韵。

陈佩秋：更令人生气的是说我不会画画，都是谢稚柳为我代笔。所以人家称我和老谢是“赵管风流”，我会感到不以为然，管道昇又被称之为管夫人，她的有些是赵孟頫代笔。改革开放之后，在北京东交民巷国务院宾馆画画，我和老谢都去了。一天，我在屋子里画画，有一位被称为首长的人坐在那里。看了半天，直到我不画了，他才离开。原来他也相信谢稚柳为我代笔的说法。他看了以后才明白真相，成为我画画的宣传员。还有一次，是香港还是广州，请我们去画画，不了解情况的人以为我是老谢的家属，不让我入贵宾室，我一气之下把机票扔了，不去了。老谢的名气大，影响大，和他在一起，我也受了不少冤枉气。

郑重：我可没有这样的看法，你还记我送给你一句古诗“君向潇湘我向秦”。你和谢先生在绘画上，各走各的路，相互影响还是有的。

陈佩秋：真正懂画的人，能看懂我和老谢不同的人不多啊。

郑重：你谈谈谢稚柳和张大千吧。在社会上都认为谢稚柳是学张大千，但张大千不这样认为，他写给张目寒的诗中说：“别来岁岁总烟尘，画里啼猿怨未申；天下英雄君与操，三分割据又何人。”张大千在诗中认为谢稚柳与他是旗鼓相当。

陈佩秋：我看张大千的画，多是以前画的那部分，对他的泼墨、泼彩看得比较少。改革开放以来，他也送过几张给我们。评论界认为张大千是见到毕加索之后，才转向抽象的画风，转向泼墨泼彩。那时他在美洲，是现代派盛行的时期，可能是受了现代派的影响，但我不相信他是有着这样原因才使画风转变的。现在看到一些资料，知道张大千曾患有糖尿病，后来影响到他的眼睛，视力模糊，没有办法再画以前比较细致的东西，不得已才改泼墨泼彩。可是他的想法、他的作品绝不是说中国画要改良，要改向画抽象派。他不是抽象派，他画的树和山石还是在中国画范畴之中。

谢稚柳和张大千在一起的时间很长，谢稚柳没有受他的影响。因为张大千年纪比较大，成名早，在早期就有很高的水平。谢稚柳比张先生出生晚一些，他在张大千那里看到不少东西。谢稚柳有一些东西，是受张大千影响，如他画的荷花，叶子构图形式，他的笔法、用笔也受到张大千的影响，后期他画得多了，也有了自己画花卉的特点。总的来讲，大千先生画的荷花最好，他的荷花是用大笔头画的，笔触非常雄挺，他能拉几尺长的荷花杆子，非常厉害，一点不软，那是张大千几十年的功力，画艺绝。他的画与他的性情一致，很豪爽。谢先生的画就文静了一点。张大千大幅泼墨荷花，如丈六匹的，那真是厉害。八大是画荷花出名的，但是八大顶大的六尺荷花就是两瓣、三瓣叶子。大千先生是画荷塘，那个气势之大令人叹服。而且他的用笔，一根线条拉六尺长，这样的线谁也画不出来。所以做他的假画，没有敢做泼墨的画法，那是任谁都画不出来的。张大千的这个功力以后有没有人能画成他那样，我不敢说，但他绝对是前无古人的。上溯500年，没有看过这样的东西。

另一方面，张先生是画石涛、石溪的，终其一生都有他们的影子在里面。谢先生没有画石涛、石溪，他的山水一上来就是学宋人、学郭熙一路。谢先生70年代的山水是最好的。谢先生画到极致时，陈洪绶的痕迹已经没有了，完全是宋人的笔意。在花鸟画上，谢先生有自己的独到之处，特别是他画的竹子、拒霜芙蓉，在前人的画中也是看不到的。

张先生和谢先生的主要区别是：张先生的画看来是非常挺拔的，谢先生的画则是非常温和的（我们说画得比较柔）；张先生的才气是外溢的，谢先生是内敛的。

郑重：我看到你为谢先生画的《落墨白荷花》题跋，写道："壮暮堂作白莲，其画法门自前人笔记，所载徐熙落墨法，颖脱而出，知台北张大千先生创泼墨泼彩法，可谓殊途同归矣。"

陈佩秋：谢先生画法变化是循着他自己的发展规律，应该是1957年游了桐庐后又有广东之行，他的画有着明显的变化。在此之前，他画了一部山水花卉册页。从结体到用笔都留着北宋的影响，坡石、蒹葭是从巨然《秋山问道图》中得来，有的是从郭河阳画中得来，出于己意的结体用笔，图中并不多见。所以我在题跋中说："自五十年代后期开始，谢氏多次往返体察英德、罗浮、连江口、西樵山等地山川名胜，得大自然风物熏陶启示，于是画格大变，所写连江口长卷，其山石结体皴笔竹林丛树蒹葭堤柳，其画已非古人所有，而用笔之精到，几与古人在伯仲间。"

郑重：谢先生是从临摹巨然《秋山问道图》开始画山水，二十年后他又临了巨然的《万壑松风图》，有了新的体会，你在题跋中也颇有赞美之辞。

陈佩秋：谢先生临过不少巨然的作品，除了《秋山问道图》，还有《山居图》《雪图》，后来临了巨然的《万壑松风图》，互壑之美尤在其他诸图之上。其他诸图之筥点并以退笔焦墨信手散落，而《万壑松风图》则并用淡墨直点，尤为奇绝。1951年的春天，阴雨连朝，他用半天的时间临摹了此图，图中"淡墨直点"是谢稚柳新的发现。四十年前，我看到此图，兴奋地为他写了长的跋，说："可知壮暮翁观察古画之精，真是洞察纤毫，则壮暮翁之画业有成，即在于斯。"

郑重：你在题《谢稚柳松泉图》，为谢先生晚年全国巡回书画鉴定，对谢先生没有机会作画，感到惋惜吗？

陈佩秋：你看到我为他的《松泉图》写的题跋。他就是这样，为了鉴定，可以放弃自己的创作。在那个题跋中，我对他有赞扬，也有批评，即便一家人，也要说句公道的话。

题《谢稚柳松泉图》：右谢稚柳松泉图轴作于1979年，己未岁。时当谢氏69岁。渠早年所写山水，取法郭熙、巨然。郭熙一派以《早春》《窠石平远》等图为借鉴。巨然一派以《山居》《秋山问道》《层崖丛树》为范本，间有王蒙之作则以《青卞隐居》等图为依归，是其早岁山水画之宋元工整一体。六十以后综合以上诸家而渐形成自己风格。此时所写山水小卷、册页有数十本，其用笔用墨之精，树木山石勾皴之妙，真无一笔虚设。其色调温润，清丽处达前所未有。惜乎如此佳品，早经流散海外，此间无由得睹。观其松泉图轴，轮廓之勾勒虽仍出于郭派，但其石面之皴笔，显然趋向于北宗李唐马夏之刚劲斧劈。前此，谢氏多不以北宗为意，是其鉴定生涯开始之后，不得不与北宗相接触，鉴赏之日益加深，使其到北宗画派之评价有所改观。而在其作品中，所流露出北宗画派之特有笔痕。当其晚年饱受全国书画鉴定专职之累，致使画笔荒疏，一落谷底，且时以粗制滥造之梅竹为应酬，偶作山水大不似前。遑论其他高峰时期之佳制。甚至所写花鸟，当推落墨芙蕖及梅竹，尤以竹枝之笔法结体，颇具心得及创意，而为前人所无。论其成就合当在山水之上，又其文笔写作之美，论画之精，是同辈人之冠。健碧。

郑重：“文革”期间，你养仙人球，画仙人球，谢先生也很兴奋，为你写了诗：“卷起湘帘近午天，薰人花气欲登仙。（自注：时仙人球正开花）书斋浑有江乡意，砚水澜朝万顷田。”谢先生也欣赏你的书，请你写了“莫愁白发能添老，须信黄金不买闲”，挂在壮暮堂他的座位的背后。

陈佩秋：那时我写字花的时间很多，主要是写草书。那时我借到一本《草字汇》，心摹手迹，还临写了于谦的《石灰诗》：“千锤万击出深山，烈火焚烧只等闲；粉身碎骨全不怕，要留清白在人间。”我写字开始从《唐人写经》入手，接着专心于蔡襄的诗帖，颜真卿的《告身帖》，倪瓒的诗帖，智勇《真草千字文》都写过，也接受过怀素、黄山谷等人的书法。

郑重：现在搞绘画理论的人很多，大学里还设有这样的专业，讲美学、接受学、艺术心理学。你是怎样看的？

陈佩秋：对这些绘画理论我都不反对，有的还可接受。我认为古人对绘画问题讲得比较透彻，如“六法”，从绘画心理、主观和客观的关系到现实景物的剪裁、章法、布局、色彩及骨法用笔都讲了。还有“外师造化，中得心源”，我的绘画生涯，都是遵循着这两个理论进行的。中国绘画理论和中国哲学一样，都是成熟得较早，有着作者的亲身体验，不是为理论而理论，是很朴实的。

郑重：我最近写了一首诗：“大千泼彩开流风，壮暮落墨别有情；高墨叠彩高花阁，万山过尽又一峰。”

陈佩秋：你是在捧我的场啊。

郑重：不是为你捧场。我觉得你画到今天，进入了另一个阶段。我曾把你的画分为临古时期、绿色时期，现在你把墨彩交融在一起，画的层次很丰富，也很厚重，别人无法达到，也无法摹拟，如果用运动场上的竞技来比喻，属于高难度动作。前有张大千的泼彩，中有谢稚柳的落墨，我把你的绘画新阶段称之为高墨叠彩。你接受我的这一说法吗？

陈佩秋：你讲的符合我作画的进程，现在画法是和过去有些不同，是形势逼的啊。现在书画市场这样发达，经济利益的杠杆作用，出现了许多假画，从古人到今人，只要好卖的画都有人造假，而且组成一帮一帮的，我的画也有人造假。为了不让人造假我的画，所以我向高难度发展，使造假画的人无法造假。

郑重： 进良法师从书画拍卖市场上购得由书画大师刘旦宅题签的《高花阁鳞爪集》，送给你审示时，你写了一段题跋：“经对比笔迹及造型后，深感不安。盖此类赝品市场上出现不少，不独册内各页皆出自拙画出版集中仿制，即如刘氏题签亦皆伪书，寻思良久，愿以己画以易此册携归伪作，遂写《梅兰竹菊》一卷。借以答谢进良法师对拙作谬爱。高花阁中健碧 记时辛巳（2001年）春二月二十九日。”你还记得这件事吗？

陈佩秋： 这是十多年前的事了。以后还有多件别人造我的假画送给我看，没有办法，藏家是花了钱从市场上买了我的假画，不要说藏家连我也感到心中不安，每当遇到造我的假画，我就画一张新画换回。这些对我很有触动，促使我的画风改变，这是好事，否则，我虽然想改变自己的画风，但跳出很难，加上自己的惰性，有想法没有进行。这对我来说是一种推动，所以我说是好事。

改革开放，使画家生正逢时，佩秋老师也是青春焕发，活跃于画坛之上，和稚柳先生联手展览于上海、北京、济南、沈阳、合肥、南京、杭州、广州、香港、台北。讲学于中国香港、美国，书画作品出版有上海人民美术出版社《陈佩秋画集》（谢稚柳题签，1982年）、《谢稚柳·陈佩秋的艺术》（香港艺术馆，谢、陈作品分册出版，1998年）、《上海中国画院画家丛书·陈佩秋》（上海画报出版社出版，1998年）、《陈佩秋山水花卉扇册》（上海书店出版社出版，2000年）、《陈佩秋艺术》（上海中国画院编，上海人民美术出版社出版，2001年）、《现代中国书画名家·陈佩秋》（山水、花鸟各一册，上海书画出版社出版，2006年）、《丹青致优——陈佩秋书画艺术》（上下两册，上海书画出版社，2013年）。

2002年5月获“第五届上海文学艺术杰出贡献奖·上海文学艺术奖”。

2004年获“中华人民共和国文化部先进个人奖”。

郑重：你和谢先生都主张绘画要有时代性，除了画家的时代风格，还有就是绘画要表现的内容。我记得1958年，你和谢先生合作画过闵行工业区，连用大毛竹搭的脚手架，都画得很清楚，给我留下深刻的印象。现在你策划组织中国画研究画师画改革开放的上海新貌，你还亲任创作组组长，江宏任执行组长，请你谈谈自己的想法。

陈佩秋：画家也是生活在现实生活中，不能总是沉醉在世外桃源式的山水花鸟中。上海的城市在发展变化中，眼前的景致鲜活灵动，画家不能失去这样好的时机，要用中国绘画艺术去诠释这个城市的新的风貌。这样就由江宏出面组织、协调，上海中国画研究院老中青三代国画家都投入这次创作活动。

郑重：对上海画家来说，这是一个新的课题。

陈佩秋：2010年，上海要举行世博会，当时就想利用这个机会，集中展示上海画派绘画艺术的传承与创新。这个画题是2008年开始酝酿，

陈佩秋2007年在上海文联团拜会上与贺友直

2009年开始正式启动，有十多位画家分别以黄浦江源头、长江入海口、龙华古寺、豫园、新天地、外滩、浦东陆家嘴、上海世博园区、嘉定秋霞浦、南翔古猗园、青浦朱家角、松江佘山、洋山深水港、崇明东滩等地方为题，开始创作。

郑重：当时有二十多位画家参与创作，有些画家我是熟悉的，基础很厚实，作为旁观者，我对他们寄予希望。但是多年来，他们都生活在同一个圈子，在同一样式中又画着同一样的东西，我感到模式有些难以突破旧有的思维。你发起组织这样一次活动，无疑是为上海画坛吹进了一股清新之风。

陈佩秋：开始的时候，是有些困难。为了改变你说的情况，在创作的过程中，我们每月开一次画稿评审会，首先解决样式的雷同问题。通过评审会，对参与创作的画也是一个启发，尽量发掘画家的鲜明个性，这样的确起到了效果。在同一题材，同一时间，由于画家的体验不同，个性不同，也可以糅用不同的视觉、不同技法，产生不同的构图，水墨、淡彩、重彩、泼墨，各有所长，都得充分的掌握。

陈佩秋先生在上海市文联观看张弛《海上揽胜》长卷草图

郑重： 我看到的《浦江揽胜》有两部，一部分是分段式的上海景色组合，另一部分是汤哲明和张弛两人分别绘制的长卷，表现了黄浦江源头和黄浦江两岸的景色，有些地方风格还不够统一。

陈佩秋： 多位画家合作，总会遇到这样的问题。汤哲明和张弛两人的风格上就有差别。开始时，我想让他们两人合作，画一卷由上海不同景致连续而成的长卷。在合作打稿时，两人的绘画风格产生了矛盾，汤哲明学习宋画，特色表现在线条勾勒上，强调骨力。他画朱家角时，我就建议画一幅当代的清明上海图，你看他画朱家河中的那几条船，与《清明上河图》中的船就像同一家门；张弛的画生动抒情，富有亲和力，笔墨酣畅，长于表现自然苍茫景色，就让她画出内心的感觉。这样，他们二人发挥各自的特长，相互错开。

郑重： 画连环画的贺友直也参加进来了。

陈佩秋： 画上海，哪能少得了活色生香的上海市井风情，只能画城隍庙，才能把上海的新、老两种风情体现出来。我想画城隍庙，贺友直是最佳人选了。我就亲自登门拜了贺友直先生，他很客气，说我们是同龄人，你打个电话来，我就应命而行，你亲自跑来，羞杀我也。我和贺先生是同年，此时都是87岁，而且他的视力不好，身体状况也不如我。

陈佩秋2008年在文联与徐昌酩、陈家泠、杨正新、张雷平、陈琪等一起创作

郑重：那次画事活动的成果，即是在上海图书馆举行的《浦江两岸尽朝晖》，在展览会上我看到汤哲明、张弛各画了手卷，两人风格各异，但又不甚满足。我希望画家中能有人像宋人张择端画《清明上河图》那样，一个人完成黄浦江画卷，给历史留下记忆。我想时间再倒回50年，你或许会有这样的选择。

陈佩秋：当年，我和老谢画闵行工业区时，是有一个大的计划，后来就搞起政治运动，失去了这样的机会。我现在是无法实现当年的梦想了。经过画《浦江揽胜》，我想留下的不只是这样一个画卷，更会培养一些人，也许这样的人就从这批画家中涌现出来。

十年后，2019年，当年画《浦江揽胜》的画家张弛又画出70米长卷《上海揽胜》。她可算是陈佩秋希望那批画家涌现出来的第一人。我在上海历史博物馆瞻览了全卷，反复观赏，流连半日。后来见到此卷作者张弛，听她讲述创作过程，从浦江源头安吉县到浦江之尾崇明岛，多次往返，探景写生，先画《浦江揽胜》，补充景点，再画《上海揽胜》。可以说此卷实现了程佩秋的梦想，她看到的虽是仿真本，也不无感慨：上海有了历史画卷，是画家的天才和勤奋相结合的成果。

陈佩秋与印的结缘不只是作为一个画家用印、赏印，她在杭州国立艺专

陈佩秋和海上印社

时，治印也是一门功课，书画之余，她也会奏刀消遣。1956年，上海中国金石篆刻研究社篆刻家创作鲁迅笔名印谱时，她篆刻鲁迅笔名“游光”。1979年，西泠印社复社时，她被聘为西泠印社社员，2013年又出面组织“海上印社”。

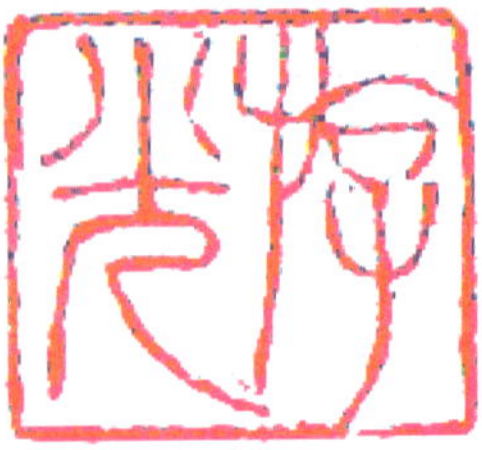

郑重：你组织海上印社有什么想法？

陈佩秋：西泠印社设在杭州，但是印社的一些创始人及篆刻名家都长期生活在上海，我也在上海生活。自那时起，上海的篆刻艺术成了中国半壁江山。但上海篆刻家多是各自为战，缺少组织。1955年，张鲁庵在上海组织中国金石篆刻研究社。1961年上海有中国书法篆刻研究会，但是上海金石篆刻的后起之秀风起云涌，成就相当可观，上海的绘画、书法组织很多，但金石篆刻没有组织，与上海的整体艺术不相称。同时，大家都认为要改变这种状况，可以说海上印社的诞生是众望所归。

郑重：看了你这次展览，我又想起1997年出版的那本画册和你自己写的序。

陈佩秋：我自己还写过序，都忘记了。

郑重：我可没有忘记，你写的《序言》手稿还在我这里，可惜不是用毛笔写的。（我向她出示了《序言》手稿）

陈佩秋：还是用你们《文汇报》稿纸写的呢。

陈佩秋刻鲁迅单名印

郑重：当时想请你用毛笔写。

陈佩秋：太长了，字数多，怎么写。这份手稿你留着，抄一份给我吧。

这本画册的《序言》不是别人记录整理，是她用自己的话讲了她自己学画的过程。我也多次请她谈自己的绘画，她都以难谈为由而没谈。她的几次画展及画册序言，都是出自她的笔下，应该是她绘画过程的真实记录，比访谈更为重要。

题白作《竹石双禽》："传统之中国花鸟画流派颇多，早期有徐熙父子，是以没骨落墨花称著画坛，画风清新野逸，而蜀国到北宋初期之黄筌父子，又以双钩重彩富丽堂皇之画风而获皇家正统之认定。此两派之风格迥异。是时两宋时期之宫廷花鸟风格多为工整艳丽一体。在野之画派又有水墨以及略施淡彩之一类。至于南宋后期出现阔笔写意花鸟是以梁楷、牧溪牵头而最具权威者，后继之明清画派无一可比，唯清之朱耷稍能继其衣钵。此图余之所作竹石双禽是为书军先生命写墨竹用阔笔法写之，双鸟磐石则笔触精细，既不足与宋画院体之工整艳丽相论，更不及梁牧阔笔之准确与泼辣，只能在今人愧乏中略充一角而已。高花阁健碧记于海上。"

自作《山光积翠》题跋："予习山水，自清六家四僧而上溯宋元，每有名山大川之游，反复体察前人'外师造化，中得心源'之说。至于古稀之年，犹未悟得其间精髓。尔来画人多以西洋彩影摄象为师，于是搜尽奇峰打草稿，疲于奔命之苦，遂一去不返，从此弃古奉新，拾中就外，穷尽移花接木之能，而颇以匠心独运自诩，殊不知此中奥秘，人竟皆为是，难免又有山阴道上之患。而我辈从事绘事者，能不以之自勉乎？庚午新春，自题《山光积翠》小卷，健碧高花阁。"

1997年6月1日，谢稚柳病逝于广慈医院。享年88岁，8月11日，陈佩秋赴美国探亲小憩。8月30日，应台湾太平洋基金会之请，飞抵西安，参加"西北文物考察团"活动。8月31日，陕西省国画院宴请陈佩秋一行。

8月31日—9月3日，参观西安钟楼，鼓楼，大、小雁塔，乾陵，茂陵，法门寺，兵马俑，华山，陕西历史博物馆和碑林。西游归来后，题自画《黄山松云图》，跋："黄山地处歙太休黟四县之间，秦时名黟山，天宝六年更用今名。山势奇特，石峰峻秀，徐霞客过此山曾有'五岳归来不看山，黄山归来不看岳'之说。石涛上人亦有咏黄山诗云'山之奇兮黄山峰，峰之奇兮多奇松'。此二语颇能道出黄山之奥秘。盖黄山之胜在一奇字耳。夫华山者，雄强神峻，气势磅礴，至使范华原得游居雍洛间，终成其伟业，而使并世无双之《溪山行旅图》传世。倘吾人只知有黄山，而不知有五岳，则古今画坛岂不为黄山派独家雍塞？华山者，华夏之尊也，吾人不观则可，一观惊心动魄，岂可以一奇字而小之耶？丁丑九月余自洛杉矶返沪，首游华山后跋自画黄山松云于巨鹿园。"

2000年1月"陈佩秋画展"前言：

我学画先师古人，后师造化。师古人是临摹先贤作品，师造化是去名山大川、公园苗圃写生，学了好些年，稍有体会与认识。

改革开改前，我画的画，大多陈旧些，水平一般。改革开放后，得观摩诸画展。其间，中外古今，画派之多，有如过江之鲫。风格之盛，五光十色，光怪陆离，使人眼花缭乱，惘然不知所措。

我修习古画，年久日深，如影附体，挥之不去。意欲以全新之貌表现，则必须脱胎换骨，以我风烛之年，不堪折腾，不得已，新瓶旧酒，勉力学习西方用色之法，借此装点门面，以求暮年之时，画艺有所改进。实则西方色调，复杂多变，深感力不从心。故此，这次展出画作，其目的是向同事朋友征求教益，务盼观者诸同仁不吝指教是幸。

陈佩秋二千年元月

《陈佩秋艺术·自序》：

我一生既然选择了学画，并把它作为职业，这便是长时间的事。前

陈佩秋与上海戏曲演员合影

人说："学无止境。"到老来，我体会到是经典之言。学，是为了应用，所学的越多，也越能派用场。所派用场的大小和价值，是看自己所学的东西对不对路。

早年，在学校学画，总是临摹古人的东西，为的是认识一些规范的、优秀的传统。我总是挑一些我喜欢的画临摹。短短的几年，我只能学些粗浅的绘画理论、造型基础知识，谈不上创作成绩。毕业后的漫长岁月，不受时间和课程的限制，便慢慢地学。慢学能分别哪些画是易学的、简练的，哪些画是难度较高的、复杂的。易学的画易于上手。难学的画，一时不易学成。

日积月累地慢慢学习，能默写和分别一些熟悉的花鸟，以及它们的形态、结构和颜色。由于记忆的有限，记不清时，反复翻阅写生稿本，它帮我记下了自己要记的东西，并提醒自己可以更换不同的题材。

日积月累地慢慢学习，从前人的原作和画册中，我学习和区别了哪些前人的花鸟技法可以吸收和继承。譬如一叶细小的松针，它的形体，各个代表作家皆有不同的表现方式。这仅是其中细小的万一；但仅此万一，便能提醒我应当如何细致地去观察生活。此外，凡我未有直接生活的，皆可由其中间接提取，它可省去自己时间和条件的不逮。

日积月累地慢慢学习，从今人的画作中、画册中，我学了怎样构一张理想的方图，学习了在水墨浅绛上可以加颜色，并学到了不拘泥于勾勒和点子的用笔，学了在花鸟上可以加大块的重彩。

五十年代以来，我主要是画花鸟。在自然博物馆画花鸟标本，在苗圃公园画真花，并饲养过不少真鸟，还临摹了不少前人花鸟画范本。

九十年代前后，我侧重学画山水，并多用方构图，不拘泥只用勾皴和点法。从浅着色慢慢学画重彩，我开始学的重彩是传统大青绿。传统的金碧重彩法，相传始于大小李将军，但作品没有传世。宋、元、明、清都有画青绿的高手。其方法几乎都是勾皴后填色，或是填色后勾皴的，并且多以青色、绿色为主，赭、墨、朱、白次之。这时，我学的便是这种画法。

由于一次不期而遇的机缘，使我见到大自然山路两旁的花树，色繁如锦，这些令人注目动心的色彩，我渴望把它们收入画中，也是一次不期而遇的机缘，让我学习和认识到大自然不只有青山绿水，也有白山黑水。专用青绿主色来表现山水的典型，这是历史上的代表作家创造和概括大自然的一种形式；而我眼前见到的山，它的高耸和突出部分，在光照之下非常亮，几乎近于白色。而水为云层遮住了光照，也几乎近于黑色。这些大自然的色彩，四时变幻无穷，是难学难记的。还是我前面提到的，高难度复杂的技法，一时之间学它不成，只能是慢慢地学。

改革开放之前，看到的东西少，所以那时的作品面貌是比较旧的，水平也一般。后来看得多了，特别是改革开放以后，看到了许多国内外的画展，眼界大开，渐渐地对传统优劣有了一些粗浅的认识与选择，以西方绘画的色彩中也得益很多。比如印象派的色彩，我正努力在学，去吸取其中的养分，学西方的东西。我还是一个小学生。

五六十年代时，我用的都是中国的传统颜料，有的颜料还要自己动手制作。后来接触了西方颜料，发现他们的色彩非常丰富、漂亮，令我爱不释手。有时画到厚的地方，我也用丙烯颜料。只有经过不断地探索、实践，才能将这些颜料得以淋漓尽致地发挥各种灵性。

几十年来的岁月，用在慢慢地学习上，到了76岁的高龄，还在“学而时习之，不亦悦乎”，悦乎是好事，只可惜这本小册子的成绩不佳，因为它对前人、今人的借鉴与取舍是否合宜？对大自然的概括取舍是否得法？对艺术风格的形式取舍是否对路？这些都不能只靠自己主观一人的判定。它必须依靠并听取同行和大众的指教与批评。

陈佩秋

一九九七年十二月

后记

岁月匆匆，《壮暮堂谢稚柳》《大石斋唐云》《三釜书屋程十发》《高花阁陈佩秋》“与大师谈艺”四种，出版距今已经十五个春秋了，读者朋友也许不复记忆，但文汇出版社高情厚谊，要把余之拙作四种，重新出版以飨读者，我真的有些惶恐不安。壮暮堂、药翁、发老已驾鹤西去多年，每忆及不禁黯然，更有旧梦难温之苦。因余之粗疏，三翁的“大师谈艺”出版后留下许多遗憾，但都难再补记之。二〇二〇年即为壮暮堂、药翁一百一十周年诞辰，谈艺录之再版，也是一个纪念吧。唯高花阁佩秋老师，神清气朗，是向茶寿者，余亦不敢多做叨扰，只能把她的高雅之谈以“篇之外”载于书后，期与读者朋友有共享之乐。

二〇一九年十月　时年八十又五

图书在版编目（CIP）数据

高花阁陈佩秋 / 郑重著 . -- 上海 : 文汇出版社，2020.8
（与大师谈艺）
ISBN 978-7-5496-3248-0

Ⅰ . ①高… Ⅱ . ①郑… Ⅲ . ①陈佩秋（1923-2020）-生平事迹②中国画-绘画评论-中国-现代 Ⅳ . ① K825.72 ② J212.05

中国版本图书馆 CIP 数据核字 (2020) 第 113104 号

（与大师谈艺）

高花阁陈佩秋

著　　者 / 郑　重
责任编辑 / 鲍广丽
装帧设计 / 观止堂_未氓

出 版 人 / 周伯军

出版发行 / 文匯出版社
上海市威海路 755 号
（邮编：200041）
经　　销 / 全国新华书店
排　　版 / 南京观止堂文化发展有限公司
印刷装订 / 安徽新华印刷股份有限公司
版　　次 / 2020 年 8 月第 1 版
印　　次 / 2020 年 8 月第 1 次印刷
开　　本 / 720×960　1/16
字　　数 / 120 千字
印　　张 / 12.25

ISBN　978-7-5496-3248-0
定　　价 / 68.00 元